Indiai konyha titkai 2023

Fantasztikus receptek az egészségesebb életért

Mira Shah

Tartalomjegyzék

Zunka 17
   Hozzávalók 17
   Módszer 18
karalábé curry 19
   Hozzávalók 19
   Módszer 20
Chhaner Dhalna 21
   Hozzávalók 21
   Módszer 22
kukorica kókuszos 23
   Hozzávalók 23
   A kókuszpasztához: 23
   Módszer 24
Zöld paprika burgonyával 25
   Hozzávalók 25
   Módszer 26
Fűszeres borsó burgonyával 27
   Hozzávalók 27
   Módszer 28
pirított gomba 29
   Hozzávalók 29
   Módszer 29
Fűszeres gomba bébi kukoricával 30

Hozzávalók 30

Módszer 31

Szárított fűszeres karfiol 32

   Hozzávalók 32

   Módszer 33

gombás curry 34

   Hozzávalók 34

   Módszer 35

baingan bharta 36

   Hozzávalók 36

   Módszer 37

növényi hyderabadi 38

   Hozzávalók 38

   A fűszerkeverékhez: 38

   Módszer 39

Kaddu Bhaji* 40

   Hozzávalók 40

   Módszer 41

Muthia nu Shak 42

   Hozzávalók 42

   Módszer 43

Koot Pumpkin 44

   Hozzávalók 44

   Módszer 45

Rasa 46

   Hozzávalók 46

   Módszer 47

Doodhi Manpasand 48
   Hozzávalók 48
   Módszer 49
Chokha paradicsom 50
   Hozzávalók 50
   Módszer 50
Baingan Chokha 51
   Hozzávalók 51
   Módszer 52
Karfiol és borsó curry 53
   Hozzávalók 53
   Módszer 53
Aloo Methi ki Sabzi 54
   Hozzávalók 54
   Módszer 54
Édes és savanyú Karela 55
   Hozzávalók 55
   Módszer 56
Karela Koshimbir 57
   Hozzávalók 57
   Módszer 58
Karela Curry 59
   Hozzávalók 59
   Módszer 60
chilis karfiol 61
   Hozzávalók 61
   Módszer 61

diós curry ... 62
- Hozzávalók ... 62
- Módszer ... 63

Daikon elhagyja Bhaajit ... 64
- Hozzávalók ... 64
- Módszer ... 64

Chhole Aloo ... 65
- Hozzávalók ... 65
- Módszer ... 66

mogyoró curry ... 67
- Hozzávalók ... 67
- Módszer ... 68

upkari bab ... 69
- Hozzávalók ... 69
- Módszer ... 69

Karatey Ambadey ... 70
- Hozzávalók ... 70
- Módszer ... 71

kadhai paneer ... 72
- Hozzávalók ... 72
- Módszer ... 72

Kathirikkai Vangi ... 73
- Hozzávalók ... 73
- Módszer ... 74

pitla ... 75
- Hozzávalók ... 75
- Módszer ... 76

masala karfiol 77
   Hozzávalók 77
   A szószhoz: 77
   Módszer 78
Shukna Kacha Pepe 79
   Hozzávalók 79
   Módszer 80
szárított okra 81
   Hozzávalók 81
   Módszer 81
Moghlai karfiol 82
   Hozzávalók 82
   Módszer 82
Bhapa Shorshe Baingan 83
   Hozzávalók 83
   Módszer 84
Sült zöldségek fűszeres szószban 85
   Hozzávalók 85
   Módszer 86
ízletes tofu 87
   Hozzávalók 87
   Módszer 87
Aloo Baingan 88
   Hozzávalók 88
   Módszer 89
Édes borsó curry 90
   Hozzávalók 90

Módszer 91
Sütőtök és burgonya curry 92
   Hozzávalók 92
   Módszer 93
Egg Thoran 94
   Hozzávalók 94
   Módszer 95
Baingan Lajawab 96
   Hozzávalók 96
   Módszer 97
Vega Bahar 98
   Hozzávalók 98
   Módszer 99
Töltött zöldségek 100
   Hozzávalók 100
   A töltelékhez: 100
   Módszer 101
Singhi Aloo 102
   Hozzávalók 102
   Módszer 102
sindhi curry 103
   Hozzávalók 103
   Módszer 104
Gulnar Kofta 105
   Hozzávalók 105
   A fűszerkeverékhez: 105
   Módszer 106

paneer korma 107
   Hozzávalók 107
   Módszer 108
Burgonya Chutney 109
   Hozzávalók 109
   Módszer 110
Lobia 111
   Hozzávalók 111
   Módszer 112
Növényi Khatta Meetha 113
   Hozzávalók 113
   Módszer 114
Dahiwale Chhole 115
   Hozzávalók 115
   Módszer 116
Teekha Papad Bhaji* 117
   Hozzávalók 117
   Módszer 117
Keleki Bhaji 119
   Hozzávalók 119
   Módszer 120
Coco Kathal 121
   Hozzávalók 121
   A fűszerezéshez: 121
   Módszer 122
Fűszeres Yam szeletek 123
   Hozzávalók 123

Módszer ... 124
yam masala ... 125
　Hozzávalók ... 125
　Módszer ... 125
masala cékla ... 127
　Hozzávalók ... 127
　Módszer ... 128
babcsíra masala ... 129
　Hozzávalók ... 129
　Módszer ... 130
mirch masala ... 131
　Hozzávalók ... 131
　Módszer ... 132
kadhi paradicsom ... 133
　Hozzávalók ... 133
　Módszer ... 134
zöldséges kolhapuri ... 135
　Hozzávalók ... 135
　Módszer ... 136
undhiyu ... 137
　Hozzávalók ... 137
　A muthiáknak: ... 138
　Módszer ... 138
Banán Kofta Curry ... 139
　Hozzávalók ... 139
　A curryhez: ... 139
　Módszer ... 140

Keserűtök hagymával 141
   Hozzávalók 141
   Módszer 142
Sukha Khatta Chana 143
   Hozzávalók 143
   Módszer 144
Bharwan Karela 145
   Hozzávalók 145
   A töltelékhez: 145
   Módszer 146
Kofta káposzta curry 147
   Hozzávalók 147
   A szószhoz: 147
   Módszer 148
ananász gojju 149
   Hozzávalók 149
   A fűszerkeverékhez: 149
   Módszer 150
Keserűtök gojju 151
   Hozzávalók 151
   Módszer 152
Baingan Mirchi ka Salan 153
   Hozzávalók 153
   Módszer 154
Csirke zöldségekkel 155
   Hozzávalók 155
   Módszer 155

A páchoz: 156
Tikka Masala csirke 157
   Hozzávalók 157
   Módszer 158
Fűszeres töltött csirke gazdag szószban 159
   Hozzávalók 159
   Módszer 160
Fűszeres csirke Masala 162
   Hozzávalók 162
   Módszer 163
kasmír csirke 164
   Hozzávalók 164
   Módszer 165
Rum és csirke 166
   Hozzávalók 166
   Módszer 167
shahjahani csirke 168
   Hozzávalók 168
   Módszer 169
húsvéti csirke 170
   Hozzávalók 170
   Módszer 171
Fűszeres kacsa burgonyával 172
   Hozzávalók 172
   Módszer 173
kacsamoly 174
   Hozzávalók 174

Módszer 175
Bharwa Murgh Kaju 176
　Hozzávalók 176
　Módszer 177
csirke masala joghurttal 179
　Hozzávalók 179
　Módszer 180
Dhansak csirke 182
　Hozzávalók 182
　Módszer 183
Chatpata csirke 185
　Hozzávalók 185
　A páchoz: 186
　Módszer 186
Kacsa Masala kókusztejben 187
　Hozzávalók 187
　A fűszerkeverékhez: 187
　Módszer 188
Dil Bahar csirke 189
　Hozzávalók 189
　Módszer 190
dum ka murgh 192
　Hozzávalók 192
　Módszer 193
Murgh Kheema Masala 194
　Hozzávalók 194
　Módszer 195

Nawabi töltött csirke ... 196
   Hozzávalók ... 196
   A töltelékhez: ... 196
   Módszer ... 197
Murgh ke Nazare ... 198
   Hozzávalók ... 198
   A szószhoz: ... 199
   Módszer ... 200
Murgh Pasanda ... 201
   Hozzávalók ... 201
   Módszer ... 202
murgh masala ... 203
   Hozzávalók ... 203
   A fűszerkeverékhez: ... 203
   Módszer ... 204
bohri csirkekrém ... 205
   Hozzávalók ... 205
   Módszer ... 206
jhatpat murgh ... 207
   Hozzávalók ... 207
   Módszer ... 207
csirke zöld curry ... 208
   Hozzávalók ... 208
   Módszer ... 209
Murgh Bhartha ... 210
   Hozzávalók ... 210
   Módszer ... 210

Csirke ajowan magokkal 211

    Hozzávalók 211

    Módszer 212

Csirke tikka spenóttal 213

    Hozzávalók 213

    A páchoz: 213

    Módszer 214

Yakhni csirke 215

    Hozzávalók 215

    Módszer 216

chilis csirke 217

    Hozzávalók 217

    Módszer 218

Zunka

(Fűszeres Gram lisztes curry)

4 fő részére

Hozzávalók

750 g / 1 font 10 uncia csók*, száraz pecsenye

400 ml / 14 fl oz víz

4 evőkanál finomított növényi olaj

½ teáskanál mustármag

½ teáskanál köménymag

½ teáskanál kurkuma

3-4 zöld chili, hosszában felvágva

10 gerezd fokhagyma, összetörve

3 kis hagyma, apróra vágva

1 teáskanál tamarind paszta

Só ízlés szerint

Módszer

- Keverje össze a besant annyi vízzel, hogy sűrű masszát kapjon. Félretesz, mellőz.

- Egy serpenyőben felforrósítjuk az olajat. Hozzáadjuk a mustárt és a köménymagot. Hagyjuk 15 másodpercig sercegni. Adjuk hozzá a többi hozzávalót. Egy percig pirítjuk. Hozzáadjuk a besan pasztát, és lassú tűzön folyamatosan keverjük, amíg besűrűsödik. Forrón tálaljuk.

karalábé curry

4 fő részére

Hozzávalók

3 teáskanál mák

3 teáskanál szezámmag

3 teáskanál koriandermag

3 teáskanál friss kókuszreszelék

125 g / 4½ uncia joghurt

120 ml / 4fl oz finomított növényi olaj

2 nagy hagyma, apróra vágva

1½ teáskanál chili por

1 teáskanál gyömbér paszta

1 teáskanál fokhagyma paszta

400 g apróra vágott karalábé

Só ízlés szerint

Módszer

- A mákot, a szezámmagot, a koriandermagot és a kókuszt szárazon pirítjuk 1-2 percig. Addig őröljük, amíg pasztát nem kapunk.

- Ezt a masszát keverjük össze a joghurttal. Félretesz, mellőz.

- Egy serpenyőben felforrósítjuk az olajat. Adjuk hozzá a többi hozzávalót. Közepes lángon 5 percig sütjük őket. Adjuk hozzá a joghurtos keveréket. Lassú tűzön főzzük 7-8 percig. Forrón tálaljuk.

Chhaner Dhalna

(bengáli stílusú panel)

4 fő részére

Hozzávalók

2 evőkanál mustárolaj plusz plusz a sütéshez

225g / 8oz panel*, kockára vágva

2,5 cm / 1 hüvelyk fahéj

3 zöld kardamom hüvely

4 fog

½ teáskanál köménymag

1 teáskanál kurkuma

2 nagy burgonya kockára vágva és megsütve

½ teáskanál chili por

2 teáskanál cukor

Só ízlés szerint

250 ml / 8fl oz víz

2 evőkanál apróra vágott korianderlevél

Módszer

- Egy serpenyőben felforrósítjuk az olajat a sütéshez. Hozzáadjuk a panírt, és közepes lángon aranybarnára sütjük. Drain és tartalék.

- A maradék olajat egy serpenyőben felforrósítjuk. Hozzáadjuk a többi hozzávalót, kivéve a vizet és a korianderlevelet. 2-3 percig pirítjuk.

- Adjuk hozzá a vizet. Lassú tűzön főzzük 7-8 percig. Adja hozzá a panelt. Pároljuk még 5 percig. Díszítsük korianderlevéllel. Forrón tálaljuk.

kukorica kókuszos

4 fő részére

Hozzávalók

2 evőkanál ghí

600 g / 1 font 5 uncia kukoricaszem, főtt

1 teáskanál cukor

1 teáskanál só

10 g / ¼ oz korianderlevél, apróra vágva

A kókuszpasztához:

50g / 1¾oz reszelt friss kókuszdió

3 evőkanál mák

1 teáskanál koriandermag

2,5 cm gyömbérgyökér, juliened

3 zöld chili

125 g / 4½ uncia földimogyoró

Módszer

- A kókuszpasztához az összes hozzávalót ledaráljuk. Egy serpenyőben felforrósítjuk a ghit. Hozzáadjuk a tésztát, és folyamatos kevergetés mellett 4-5 percig pirítjuk.

- Adjuk hozzá a kukoricát, a cukrot és a sót. Lassú tűzön főzzük 4-5 percig.

- Díszítsük korianderlevéllel. Forrón tálaljuk.

Zöld paprika burgonyával

4 fő részére

Hozzávalók

2 evőkanál finomított növényi olaj

1 teáskanál köménymag

10 gerezd fokhagyma apróra vágva

3 nagy burgonya, kockákra vágva

2 teáskanál őrölt koriander

1 teáskanál őrölt kömény

½ teáskanál kurkuma

½ teáskanál amchoor*

½ teáskanál garam masala

Só ízlés szerint

3 nagy zöld kaliforniai paprika, juliened

3 evőkanál apróra vágott korianderlevél

Módszer

- Egy serpenyőben felforrósítjuk az olajat. Adjuk hozzá a köménymagot és a fokhagymát. 30 másodpercig sütjük.

- Hozzáadjuk a többi hozzávalót a paprika és a korianderlevél kivételével. Közepes lángon pároljuk 5-6 percig.

- Adjuk hozzá a paprikát. Lassú tűzön pároljuk még 5 percig. Díszítsük korianderlevéllel. Forrón tálaljuk.

Fűszeres borsó burgonyával

4 fő részére

Hozzávalók

2 evőkanál finomított növényi olaj

1 teáskanál gyömbér paszta

1 nagy hagyma, apróra vágva

2 nagy burgonya, kockákra vágva

500 g / 1 font 2 uncia konzerv borsó

½ teáskanál kurkuma

Só ízlés szerint

½ teáskanál garam masala

2 nagy paradicsom, felkockázva

½ teáskanál chili por

1 teáskanál cukor

1 evőkanál apróra vágott korianderlevél

Módszer

- Egy serpenyőben felforrósítjuk az olajat. Adjuk hozzá a gyömbérpasztát és a hagymát. Addig pirítjuk őket, amíg a hagyma áttetszővé nem válik.

- Hozzáadjuk a többi hozzávalót a korianderlevél kivételével. Jól összekeverni. Fedjük le fedővel, és pároljuk 10 percig.

- Díszítsük korianderlevéllel. Forrón tálaljuk.

pirított gomba

4 fő részére

Hozzávalók

2 evőkanál finomított növényi olaj

4 zöld chili hosszában vágva

8 gerezd fokhagyma, összetörve

100 g zöld kaliforniai paprika, szeletelve

400 g / 14 oz gomba, szeletelve

Só ízlés szerint

½ teáskanál durvára őrölt fekete bors

25 g / kevés 1 uncia korianderlevél, apróra vágva

Módszer

- Egy serpenyőben felforrósítjuk az olajat. Adjuk hozzá a chilit, a fokhagymát és a zöldpaprikát. Közepes lángon 1-2 percig sütjük őket.

- Adjuk hozzá a gombát, sózzuk, borsozzuk. Jól összekeverni. Közepes lángon puhára pároljuk. Díszítsük korianderlevéllel. Forrón tálaljuk.

Fűszeres gomba bébi kukoricával

4 fő részére

Hozzávalók

2 evőkanál finomított növényi olaj

1 teáskanál köménymag

2 babérlevél

1 teáskanál gyömbér paszta

2 zöld chili apróra vágva

1 nagy hagyma, apróra vágva

200 g gomba, félbevágva

8-10 babapacal, apróra vágva

125 g / 4½ uncia paradicsompüré

½ teáskanál kurkuma

Só ízlés szerint

½ teáskanál garam masala

½ teáskanál cukor

¼ oz / 10 g korianderlevél, apróra vágva

Módszer

- Egy serpenyőben felforrósítjuk az olajat. Hozzáadjuk a köménymagot és a babérlevelet. Hagyjuk 15 másodpercig sercegni.

- Adjuk hozzá a gyömbérpasztát, a zöld chilit és a hagymát. 1-2 percig pirítjuk.

- Hozzáadjuk a többi hozzávalót a korianderlevél kivételével. Jól összekeverni. Fedjük le fedővel, és pároljuk 10 percig.

- Díszítsük korianderlevéllel. Forrón tálaljuk.

Szárított fűszeres karfiol

4 fő részére

Hozzávalók

750 g / 1 font 10 oz karfiol virágok

Só ízlés szerint

csipet kurkuma

4 babérlevél

750 ml / 1¼ pint víz

2 evőkanál finomított növényi olaj

4 fog

4 zöld kardamom hüvely

1 nagy hagyma, szeletelve

1 teáskanál gyömbér paszta

1 teáskanál fokhagyma paszta

1 teáskanál garam masala

½ teáskanál chili por

¼ teáskanál őrölt fekete bors

10 db kesudió, őrölt

2 evőkanál joghurt

3 evőkanál paradicsompüré

3 evőkanál vaj

60 ml / 2fl oz folyékony krém

Módszer

- A karfiolt a sóval, a kurkumával, a babérlevéllel és a vízzel egy serpenyőben, közepes lángon 10 percig főzzük. Lecsöpögtetjük, és tűzálló edénybe rendezzük a virágokat. Félretesz, mellőz.

- Egy serpenyőben felforrósítjuk az olajat. Adjuk hozzá a szegfűszeget és a kardamomot. Hagyjuk 15 másodpercig sercegni.

- Adjuk hozzá a hagymát, a gyömbért és a fokhagymás pépet. Egy percig pirítjuk.

- Adjuk hozzá a garam masala-t, a chiliport, a borsot és a kesudiót. 1-2 percig pirítjuk.

- Adjuk hozzá a joghurtot és a paradicsompürét. Jól összekeverni. Adjuk hozzá a vajat és a tejszínt. Egy percig keverjük. Levesszük a tűzről.

- Ezt öntsük a karfiol rózsákra. 150°C-on (300°F, gázjel 2) előmelegített sütőben 8-10 percig sütjük. Forrón tálaljuk.

gombás curry

4 fő részére

Hozzávalók

3 evőkanál finomított növényi olaj

2 nagy hagyma, lereszelve

1 teáskanál gyömbér paszta

1 teáskanál fokhagyma paszta

½ teáskanál kurkuma

1 teáskanál chili por

1 teáskanál őrölt koriander

400 g gomba, negyedelve

200 g / 7 uncia borsó

2 paradicsom, apróra vágva

½ teáskanál garam masala

Só ízlés szerint

20 db kesudió, darált

240 ml / 6fl oz víz

Módszer

- Egy serpenyőben felforrósítjuk az olajat. Adjuk hozzá a hagymát. Süssük őket aranybarnára.

- Adjuk hozzá a gyömbérpasztát, a fokhagymapürét, a kurkumát, a chiliport és az őrölt koriandert. Közepes lángon pároljuk egy percig.

- Adjuk hozzá a többi hozzávalót. Jól összekeverni. Fedjük le fedővel, és lassú tűzön főzzük 8-10 percig. Forrón tálaljuk.

baingan bharta

(Sült padlizsán)

4 fő részére

Hozzávalók

1 nagy padlizsán

3 evőkanál finomított növényi olaj

1 nagy hagyma, apróra vágva

3 zöld chili, hosszában felvágva

¼ teáskanál kurkuma

Só ízlés szerint

½ teáskanál garam masala

1 paradicsom, apróra vágva

Módszer

- A padlizsánt villával átszúrjuk, és 25 percig sütjük. Ha kihűlt, dobja ki a megsült bőrt, és pépesítse a pépet. Félretesz, mellőz.

- Egy serpenyőben felforrósítjuk az olajat. Adjuk hozzá a hagymát és a zöld chilit. Közepes lángon 2 percig sütjük.

- Adjuk hozzá a kurkumát, a sót, a garam masala-t és a paradicsomot. Jól összekeverni. 5 percig pirítjuk. Adjuk hozzá a padlizsánpürét. Jól összekeverni.

- Alacsony lángon 8 percig főzzük, időnként megkeverve. Forrón tálaljuk.

növényi hyderabadi

4 fő részére

Hozzávalók

2 evőkanál finomított növényi olaj

½ teáskanál mustármag

1 nagy hagyma, apróra vágva

400g / 14oz fagyasztott vegyes zöldség

½ teáskanál kurkuma

Só ízlés szerint

A fűszerkeverékhez:

2,5 cm / 1 hüvelyk gyömbérgyökér

8 gerezd fokhagyma

2 fog

2,5 cm / 1 hüvelyk fahéj

1 teáskanál görögszéna mag

3 zöld chili

4 evőkanál friss kókuszreszelék

10 kesudió

Módszer

- A fűszerkeverék összes hozzávalóját összemorzsoljuk. Félretesz, mellőz.

- Egy serpenyőben felforrósítjuk az olajat. Adjuk hozzá a mustármagot. Hagyjuk 15 másodpercig sercegni. Adjuk hozzá a hagymát és pirítsuk aranybarnára.

- Hozzáadjuk a többi hozzávalót és az őrölt fűszerkeveréket. Jól összekeverni. Lassú tűzön 8-10 percig főzzük. Forrón tálaljuk.

Kaddu Bhaji*

(Szárított vöröstök)

4 fő részére

Hozzávalók

3 evőkanál finomított növényi olaj

½ teáskanál köménymag

¼ teáskanál görögszéna mag

600 g / 1 font 5 uncia sütőtök, vékonyra szeletelve

Só ízlés szerint

½ teáskanál pirított őrölt kömény

½ teáskanál chili por

¼ teáskanál kurkuma

1 teáskanál amchoor*

1 teáskanál cukor

Módszer

- Egy serpenyőben felforrósítjuk az olajat. Adjuk hozzá a köményt és a görögszéna magot. Hagyjuk 15 másodpercig sercegni. Adjuk hozzá a sütőtököt és a sót. Jól összekeverni. Fedjük le fedővel és főzzük közepes lángon 8 percig.

- Felfedjük és egy kanál hátával enyhén összetörjük. Adjuk hozzá a többi hozzávalót. Jól összekeverni. 5 percig főzzük. Forrón tálaljuk.

Muthia nu Shak

(Görögszéna húsgombóc szószban)

4 fő részére

Hozzávalók

200 g / 7 uncia friss görögszéna levél, apróra vágva

Só ízlés szerint

4½ oz / 125 g teljes kiőrlésű búzaliszt

125 g / 4½ uncia besan*

2 zöld chili apróra vágva

1 teáskanál gyömbér paszta

3 teáskanál cukor

1 citrom leve

½ teáskanál garam masala

½ teáskanál kurkuma

csipetnyi szódabikarbóna

3 evőkanál finomított növényi olaj

½ teáskanál ajowan mag

½ teáskanál mustármag

csipetnyi asafoetida

250 ml / 8fl oz víz

Módszer

- A görögszéna leveleket összekeverjük a sóval. 10 percig állni hagyjuk. Csavarja ki a nedvességet.

- Keverje össze a görögszéna leveleit a liszttel, a bezannal, a zöld chilipaprikával, a gyömbérpasztával, a cukorral, a citromlével, a garam masala-val, a kurkumával és a szódabikarbónával. Addig gyúrjuk, amíg sima tésztát nem kapunk.

- A tésztát 30 diónyi golyóra osztjuk. Enyhén lapítsuk, hogy a muthiákat formázzuk. Félretesz, mellőz.

- Egy serpenyőben felforrósítjuk az olajat. Adjuk hozzá az ajowant, a mustárt és az asafoetida magokat. Hagyjuk 15 másodpercig sercegni.

- Adjuk hozzá a muthiát és a vizet.

- Fedjük le fedővel, és lassú tűzön főzzük 10-15 percig. Forrón tálaljuk.

Koot Pumpkin

(tök lencse curryvel)

4 fő részére

Hozzávalók

50g / 1¾oz reszelt friss kókuszdió

1 teáskanál köménymag

2 piros chili

150 g / 5½ uncia mung dhal* 30 percig áztatjuk és lecsepegtetjük

2 evőkanál chana dhal*

Só ízlés szerint

500 ml / 16fl oz víz

2 evőkanál finomított növényi olaj

250 g / 9 uncia sütőtök, kockára vágva

¼ teáskanál kurkuma

Módszer

- A kókuszt, a köménymagot és a piros chilit pépesre daráljuk. Félretesz, mellőz.

- Keverjük össze a dhalokat sóval és vízzel. Főzzük ezt a keveréket egy serpenyőben közepes lángon 40 percig. Félretesz, mellőz.

- Egy serpenyőben felforrósítjuk az olajat. Adjuk hozzá a sütőtököt, a kurkumát, a főtt dhalt és a kókuszpürét. Jól összekeverni. 10 percig lassú tűzön főzzük. Forrón tálaljuk.

Rasa

(Karfiol és borsó szószban)

4 fő részére

Hozzávalók

2 evőkanál finomított növényi olaj plusz plusz sütéshez

250 g / 9 uncia karfiol virágok

2 evőkanál friss kókuszreszelék

1 cm gyömbér gyökér, zúzott

4-5 zöld chili hosszában vágva

2-3 paradicsom apróra vágva

400g / 14oz fagyasztott borsó

1 teáskanál cukor

Só ízlés szerint

Módszer

- Egy serpenyőben felforrósítjuk az olajat a sütéshez. Adjuk hozzá a karfiolt. Közepes lángon aranybarnára sütjük. Drain és tartalék.
- Darálja meg a kókuszt, a gyömbért, a zöld chilit és a paradicsomot. Egy serpenyőben felforrósítunk 2 evőkanál olajat. Adjuk hozzá ezt a pasztát és pirítsuk 1-2 percig.
- Hozzáadjuk a karfiolt és a többi hozzávalót. Jól összekeverni. Lassú tűzön főzzük 4-5 percig. Forrón tálaljuk.

Doodhi Manpasand

(palacktök szószban)

4 fő részére

Hozzávalók

3 evőkanál finomított növényi olaj

3 szárított piros chili

1 nagy hagyma, apróra vágva

500g/1 font 2oz palacktök*, Feldarabolt

¼ teáskanál kurkuma

2 teáskanál őrölt koriander

1 teáskanál őrölt kömény

½ teáskanál chili por

½ teáskanál garam masala

2,5 cm gyömbér gyökér, apróra vágva

2 paradicsom, apróra vágva

1 zöld kaliforniai paprika kimagozva, kimagozva és apróra vágva

Só ízlés szerint

2 teáskanál korianderlevél, apróra vágva

Módszer

- Egy serpenyőben felforrósítjuk az olajat. A vörös chilit és a hagymát 2 percig pirítjuk.
- Hozzáadjuk a többi hozzávalót a korianderlevél kivételével. Jól összekeverni. Lassú tűzön 5-7 percig főzzük. Díszítsük korianderlevéllel. Forrón tálaljuk.

Chokha paradicsom

(paradicsombefőtt)

4 fő részére

Hozzávalók

6 nagy paradicsom

2 evőkanál finomított növényi olaj

1 nagy hagyma, apróra vágva

8 gerezd fokhagyma apróra vágva

1 zöld chili apróra vágva

½ teáskanál chili por

10 g / ¼ oz korianderlevél, apróra vágva

Só ízlés szerint

Módszer

- 10 percig sütjük a paradicsomot. Hámozzuk meg és őröljük, amíg pép nem lesz. Félretesz, mellőz.
- Egy serpenyőben felforrósítjuk az olajat. Adjuk hozzá a hagymát, a fokhagymát és a zöld chilit. 2-3 percig pirítjuk. Adjuk hozzá a többi hozzávalót és a paradicsompépet. Jól összekeverni. Fedjük le fedővel és főzzük 5-6 percig. Forrón tálaljuk.

Baingan Chokha

(padlizsánbefőtt)

4 fő részére

Hozzávalók

1 nagy padlizsán

2 evőkanál finomított növényi olaj

1 kisebb hagyma apróra vágva

8 gerezd fokhagyma apróra vágva

1 zöld chili apróra vágva

1 paradicsom, apróra vágva

60 g / 2 uncia kukoricaszem, főtt

10 g / ¼ oz korianderlevél, apróra vágva

Só ízlés szerint

Módszer

- A padlizsánt villával szurkáljuk meg mindenhol. 10-15 percig grillezzük. Hámozzuk meg és őröljük, amíg pép nem lesz. Félretesz, mellőz.
- Egy serpenyőben felforrósítjuk az olajat. Adjuk hozzá a hagymát, a fokhagymát és a zöld chilit. Közepes lángon 5 percig sütjük őket.
- Adjuk hozzá a többi hozzávalót és a padlizsánpépet. Jól összekeverni. 3-4 percig főzzük. Forrón tálaljuk.

Karfiol és borsó curry

4 fő részére

Hozzávalók

3 evőkanál finomított növényi olaj

¼ teáskanál kurkuma

3 zöld chili, hosszában felvágva

1 teáskanál őrölt koriander

2,5 cm gyömbér gyökér, reszelve

250 g / 9 uncia karfiol virágok

400g / 14oz friss zöldborsó

60 ml / 2 fl oz víz

Só ízlés szerint

1 evőkanál finomra vágott korianderlevél

Módszer

- Egy serpenyőben felforrósítjuk az olajat. Adjuk hozzá a kurkumát, a zöld chilit, az őrölt koriandert és a gyömbért. Közepes lángon egy percig sütjük.
- Hozzáadjuk a többi hozzávalót a korianderlevél kivételével. Lassú tűzön 10 percig jól keverjük.
- Díszítsük korianderlevéllel. Forrón tálaljuk.

Aloo Methi ki Sabzi

(burgonya és görögszéna curry)

4 fő részére

Hozzávalók

100 g görögszéna levél apróra vágva

Só ízlés szerint

4 evőkanál finomított növényi olaj

1 teáskanál köménymag

5-6 zöld chili

¼ teáskanál kurkuma

csipetnyi asafoetida

6 nagy burgonya megfőzve és apróra vágva

Módszer

- A görögszéna leveleket összekeverjük a sóval. 10 percig állni hagyjuk.
- Egy serpenyőben felforrósítjuk az olajat. Adjuk hozzá a köménymagot, a chilit és a kurkumát. Hagyjuk 15 másodpercig sercegni.
- Hozzáadjuk a többi hozzávalót és a görögszéna leveleket. Jól összekeverni. 8-10 percig főzzük alacsony lángon. Forrón tálaljuk.

Édes és savanyú Karela

4 fő részére

Hozzávalók

500 g / 1 font 2 uncia keserűtök*

Só ízlés szerint

750 ml / 1¼ pint víz

1 cm gyömbér gyökér

10 gerezd fokhagyma

4 nagy hagyma, apróra vágva

4 evőkanál finomított növényi olaj

csipetnyi asafoetida

½ teáskanál kurkuma

1 teáskanál őrölt koriander

1 teáskanál őrölt kömény

1 teáskanál tamarind paszta

2 evőkanál barna cukor*, reszelt

Módszer

- A keserű tököt meghámozzuk. Vágjuk szeletekre, és tegyük 1 órára sós vízbe. Öblítse le és csavarja ki a felesleges vizet. Mosás és tartalék.
- A gyömbért, a fokhagymát és a hagymát pépesre daráljuk. Félretesz, mellőz.
- Egy serpenyőben felforrósítjuk az olajat. Adjuk hozzá az asafoetidát. Hagyja 15 másodpercig sercegni. Adjuk hozzá a gyömbér- és hagymapépet, valamint a többi hozzávalót. Jól összekeverni. 3-4 percig sütjük. Adjuk hozzá a keserű tököt. Jól összekeverni. Fedjük le fedővel, és lassú tűzön főzzük 8-10 percig. Forrón tálaljuk.

Karela Koshimbir

(Ropogósra tört keserűtök)

4 fő részére

Hozzávalók

500 g / 1 font 2 uncia keserűtök*, csupasz

Só ízlés szerint

Finomított növényi olaj sütéshez

2 közepes hagyma, apróra vágva

50 g korianderlevél apróra vágva

3 zöld chili apróra vágva

½ friss kókusz, reszelve

1 evőkanál citromlé

Módszer

- Vágd fel a keserű tököt. Dörzsölje be őket sóval, és hagyja állni 2-3 órán keresztül.
- Egy serpenyőben felforrósítjuk az olajat. Hozzáadjuk a keserűtököt, és közepes lángon aranybarnára és ropogósra sütjük. Lecsepegtetjük, kissé lehűtjük és ujjainkkal összetörjük.
- A többi hozzávalót egy tálban összekeverjük. Hozzáadjuk a sütőtököt, és még forrón tálaljuk.

Karela Curry

(Keserűtök curry)

4 fő részére

Hozzávalók

½ kókusz

2 piros chili

1 teáskanál köménymag

3 evőkanál finomított növényi olaj

1 csipet asafoetida

2 nagy hagyma, apróra vágva

2 zöld chili apróra vágva

Só ízlés szerint

½ teáskanál kurkuma

500 g / 1 font 2 uncia keserűtök*, meghámozzuk és felaprítjuk

2 paradicsom, apróra vágva

Módszer

- A felét kókuszreszeljük le, a többit apróra vágjuk. Félretesz, mellőz.
- A kókuszreszeléket, a pirospaprikát és a köménymagot szárazon megpirítjuk. Lehűtjük és addig turmixoljuk, amíg finom pasztát nem kapunk. Félretesz, mellőz.
- Egy serpenyőben felforrósítjuk az olajat. Adjuk hozzá az asafoetidát, a hagymát, a zöld chilit, a sót, a kurkumát és az apróra vágott kókuszt. 3 percig sütjük, gyakran kevergetve.
- Adjuk hozzá a keserű tököt és a paradicsomot. 3-4 percig főzzük.
- Adjuk hozzá az őrölt kókuszpasztát. 5-7 percig főzzük, és forrón tálaljuk.

chilis karfiol

4 fő részére

Hozzávalók

3 evőkanál finomított növényi olaj

5 cm gyömbér gyökér, finomra vágva

12 gerezd fokhagyma apróra vágva

1 karfiol rózsákra vágva

5 piros chili, negyedelve és kimagozva

6 újhagyma félbevágva

3 paradicsom, blansírozva és apróra vágva

Só ízlés szerint

Módszer

- Egy serpenyőben felforrósítjuk az olajat. Adjunk hozzá gyömbért és fokhagymát. Közepes lángon egy percig sütjük.
- Adjuk hozzá a karfiolt és a piros chilit. 5 percig pirítjuk.
- Adjuk hozzá a többi hozzávalót. Jól összekeverni. Lassú tűzön főzzük 7-8 percig. Forrón tálaljuk.

diós curry

4 fő részére

Hozzávalók

4 evőkanál ghí

10 g / ¼ uncia kesudió

10 g / ¼ oz blansírozott mandula

10-12 földimogyoró

5-6 mazsola

10 pisztácia

10 apróra vágott dió

2,5 cm gyömbér gyökér, reszelve

6 gerezd fokhagyma, összetörve

4 kis hagyma, apróra vágva

4 paradicsom, apróra vágva

4 datolya, kimagozva és felszeletelve

½ teáskanál kurkuma

125 g / 4½ uncia khoya*

1 teáskanál garam masala

Só ízlés szerint

75 g / 2½ reszelt cheddar sajt

1 evőkanál apróra vágott korianderlevél

Módszer

- Egy serpenyőben felforrósítjuk a ghit. Hozzáadjuk az összes diót, és közepes lángon aranybarnára sütjük. Drain és tartalék.
- Ugyanebben a ghíben pirítsuk aranyszínűre a gyömbért, a fokhagymát és a hagymát.
- Adjuk hozzá a sült diót és a többi hozzávalót, kivéve a sajtot és a korianderlevelet. Fedjük le fedéllel. Lassú tűzön 5 percig főzzük.
- Díszítsük sajttal és korianderlevéllel. Forrón tálaljuk.

Daikon elhagyja Bhaajit

4 fő részére

Hozzávalók

2 evőkanál finomított növényi olaj

¼ teáskanál őrölt kömény

2 piros chili darabokra törve

csipetnyi asafoetida

400 g / 14 uncia daikon levél*, Feldarabolt

300g/10oz chana dhal*, 1 órán át áztatjuk

1 teáskanál barna cukor*, reszelt

¼ teáskanál kurkuma

Só ízlés szerint

Módszer

- Egy serpenyőben felforrósítjuk az olajat. Adjuk hozzá a köményt, a piros chilit és az asafoetidát.
- Hagyjuk 15 másodpercig sercegni. Adjuk hozzá a többi hozzávalót. Jól összekeverni. Lassú tűzön főzzük 10-15 percig. Forrón tálaljuk.

Chhole Aloo

(Csicseriborsó és burgonya curry)

4 fő részére

Hozzávalók

500 g / 1 font 2 uncia csicseriborsó, egy éjszakán át áztatva

csipetnyi szódabikarbóna

Só ízlés szerint

1 liter / 1¾ pint víz

3 evőkanál ghí

2,5 cm gyömbérgyökér, juliened

2 nagy hagyma, lereszelve, plusz 1 kisebb hagyma, szeletelve

2 paradicsom, felkockázva

1 teáskanál garam masala

1 teáskanál őrölt kömény, szárazon pirítva

½ teáskanál őrölt zöld kardamom

½ teáskanál kurkuma

2 nagy burgonya megfőzve és felkockázva

2 teáskanál tamarind paszta

1 evőkanál apróra vágott korianderlevél

Módszer

- A csicseriborsót a szódabikarbónával, sóval és vízzel egy serpenyőben, közepes lángon 45 percig főzzük. Drain és tartalék.
- Melegítsük fel a ghít egy serpenyőben. Adjuk hozzá a gyömbért és a reszelt hagymát. Átlátszóra sütjük. Adjuk hozzá a többi hozzávalót, kivéve a korianderleveleket és a szeletelt hagymát. Jól összekeverni. Adjuk hozzá a csicseriborsót és főzzük 7-8 percig.
- Díszítsük korianderlevéllel és szeletelt hagymával. Forrón tálaljuk.

mogyoró curry

4 fő részére

Hozzávalók

1 teáskanál mák

1 teáskanál koriandermag

1 teáskanál köménymag

2 piros chili

25 g / kevés 1 oz friss kókuszreszelék

3 evőkanál ghí

2 kisebb hagyma, lereszelve

900 g / 2 font földimogyoró, zúzott

1 teáskanál amchoor*

½ teáskanál kurkuma

1 nagy paradicsom, blansírozva és apróra vágva

2 teáskanál barna cukor*, reszelt

500 ml / 16fl oz víz

Só ízlés szerint

15 g korianderlevél apróra vágva

Módszer

- A mákot, a koriandermagot, a köménymagot, a pirospaprikát és a kókuszt őrölje finom péppé. Félretesz, mellőz.
- Melegítsük fel a ghít egy serpenyőben. Adjuk hozzá a hagymát. Átlátszóra sütjük.
- Adjuk hozzá a darált tésztát és a többi hozzávalót, kivéve a korianderleveleket. Jól összekeverni. Lassú tűzön főzzük 7-8 percig.
- Díszítsük korianderlevéllel. Forrón tálaljuk.

upkari bab

(Kókuszos bab)

4 fő részére

Hozzávalók

1 evőkanál finomított növényi olaj

½ teáskanál mustármag

½ teáskanál urad dhal*

2-3 piros chili, törve

500 g / 1 font 2 uncia franciabab, apróra vágva

1 teáskanál barna cukor*, reszelt

Só ízlés szerint

25 g / kevés 1 oz friss kókuszreszelék

Módszer

- Egy serpenyőben felforrósítjuk az olajat. Adjuk hozzá a mustármagot. Hagyjuk 15 másodpercig sercegni.
- Adjuk hozzá a dhalt. Aranyszínűre sütjük. Hozzáadjuk a többi hozzávalót a kókusz kivételével. Jól összekeverni. Lassú tűzön 8-10 percig főzzük.
- Díszítsük kókuszreszelékkel. Forrón tálaljuk.

Karatey Ambadey

(Keserűtök és éretlen mangó curry)

4 fő részére

Hozzávalók

250 g / 9 uncia keserűtök*, szeletelve

Só ízlés szerint

60 g / 2 uncia barna cukor*, reszelt

1 teáskanál finomított növényi olaj

4 szárított piros chili

1 teáskanál urad dhal*

1 teáskanál görögszéna mag

2 teáskanál koriandermag

50g / 1¾oz reszelt friss kókuszdió

¼ teáskanál kurkuma

4 kis zöld mangó

Módszer

- A keserűtök darabokat bedörzsöljük sóval. Hagyjuk állni egy órát.
- A tökdarabokból kicsavarjuk a vizet. Egy serpenyőben a barna cukorral közepes lángon 4-5 percig főzzük őket. Félretesz, mellőz.
- Egy serpenyőben felforrósítjuk az olajat. Hozzáadjuk a pirospaprikát, a dhalt, a görögszéna- és a koriandermagot. Egy percig pirítjuk. Hozzáadjuk a keserűtököt és a többi hozzávalót. Jól összekeverni. Lassú tűzön főzzük 4-5 percig. Forrón tálaljuk.

kadhai paneer

(Spicy Paneer)

4 fő részére

Hozzávalók

2 evőkanál finomított növényi olaj

1 nagy hagyma, szeletelve

3 nagy zöld kaliforniai paprika, apróra vágva

500 g / 1 font 2 uncia panel*, 2,5 cm-es darabokra vágva

1 paradicsom, apróra vágva

¼ teáskanál őrölt koriander, szárazon pörkölt

Só ízlés szerint

¼ oz / 10 g korianderlevél, apróra vágva

Módszer

- Egy serpenyőben felforrósítjuk az olajat. Adjuk hozzá a hagymát és a paprikát. Közepes lángon 2-3 percig sütjük.
- Hozzáadjuk a többi hozzávalót a korianderlevél kivételével. Jól összekeverni. Lassú tűzön 5 percig főzzük. Díszítsük korianderlevéllel. Forrón tálaljuk.

Kathirikkai Vangi

(dél-indiai brinjal curry)

4 fő részére

Hozzávalók

150 g / 5½ uncia masoor dhal*

Só ízlés szerint

¼ teáskanál kurkuma

500 ml / 16fl oz víz

250 g / 9 uncia vékonyra szeletelt padlizsán

1 teáskanál finomított növényi olaj

¼ teáskanál mustármag

1 teáskanál tamarind paszta

8-10 currylevél

1 teáskanál sambhar por*

Módszer

- Keverjük össze a masoor dhal sóval, egy csipet kurkumával és a víz felével. Egy serpenyőben, közepes lángon 40 percig főzzük. Félretesz, mellőz.
- A padlizsánt sóval, a maradék kurkumával és vízzel egy másik serpenyőben, közepes lángon 20 percig főzzük. Félretesz, mellőz.
- Egy serpenyőben felforrósítjuk az olajat. Adjuk hozzá a mustármagot. Hagyjuk 15 másodpercig sercegni. Adjuk hozzá a többi hozzávalót, a dhalt és a brinjal-t. Jól összekeverni. Lassú tűzön 6-7 percig főzzük. Forrón tálaljuk.

pitla

(Fűszeres Gram lisztes curry)

4 fő részére

Hozzávalók

250g / 9oz besan*

500 ml / 16fl oz víz

2 evőkanál finomított növényi olaj

¼ teáskanál mustármag

2 nagy hagyma, apróra vágva

6 gerezd fokhagyma, összetörve

2 evőkanál tamarind paszta

1 teáskanál garam masala

Só ízlés szerint

1 evőkanál apróra vágott korianderlevél

Módszer

- Keverjük össze a besant és a vizet. Félretesz, mellőz.
- Egy serpenyőben felforrósítjuk az olajat. Adjuk hozzá a mustármagot. Hagyjuk 15 másodpercig sercegni. Adjuk hozzá a hagymát és a fokhagymát. Addig pirítjuk, amíg a hagyma aranybarna nem lesz.
- Adjuk hozzá a besan pasztát. Lassú tűzön addig főzzük, amíg el nem kezd forrni.
- Adjuk hozzá a többi hozzávalót. Lassú tűzön 5 percig főzzük. Forrón tálaljuk.

masala karfiol

4 fő részére

Hozzávalók

1 nagy karfiol sós vízben megfőzve

3 evőkanál finomított növényi olaj

2 evőkanál finomra vágott korianderlevél

1 teáskanál őrölt koriander

½ teáskanál őrölt kömény

¼ teáskanál őrölt gyömbér

Só ízlés szerint

120 ml / 4 fl oz víz

A szószhoz:

200 g / 7 uncia joghurt

1 evőkanál csók*, szárazon pörkölt

¾ teáskanál chili por

Módszer

- A karfiolt lecsöpögtetjük és rózsáira vágjuk.
- Egy serpenyőben felforrósítunk 2 evőkanál olajat. Hozzáadjuk a karfiolt, és közepes lángon aranybarnára sütjük. Félretesz, mellőz.
- Keverje össze a szósz összes összetevőjét.
- Egy serpenyőben felforrósítunk 1 evőkanál olajat, és hozzáadjuk ezt a keveréket. Egy percig pirítjuk.
- Fedjük le fedővel, és lassú tűzön főzzük 8-10 percig.
- Adjuk hozzá a karfiolt. Jól összekeverni. Lassú tűzön 5 percig főzzük.
- Díszítsük korianderlevéllel. Forrón tálaljuk.

Shukna Kacha Pepe

(zöld papaya curry)

4 fő részére

Hozzávalók

150 g / 5½ uncia chana dhal*, egy éjszakán át áztatjuk, lecsepegtetjük, és pépesre daráljuk

3 evőkanál finomított növényi olaj plusz a sütéshez

2 egész szárított piros chili

½ teáskanál görögszéna mag

½ teáskanál mustármag

1 zöld papaya, meghámozva és lereszelve

1 teáskanál kurkuma

1 kanál cukor

Só ízlés szerint

Módszer

- A dhal masszát diónyi golyókra osztjuk. Lapítsuk vékony korongokra.
- Egy serpenyőben felforrósítjuk az olajat a sütéshez. Adja hozzá a lemezeket. Közepes lángon aranybarnára sütjük. Lecsepegtetjük és apró darabokra törjük. Félretesz, mellőz.
- A maradék olajat egy serpenyőben felforrósítjuk. Hozzáadjuk a chilit, a görögszénát és a mustármagot. Hagyjuk 15 másodpercig sercegni.
- Adjuk hozzá a többi hozzávalót. Jól összekeverni. Fedjük le fedővel, és lassú tűzön főzzük 8-10 percig. Adjuk hozzá a dhal darabokat. Jól összekeverjük és tálaljuk.

szárított okra

4 fő részére

Hozzávalók

3 evőkanál mustárolaj

½ teáskanál kalonji mag*

750 g / 1 font 10 uncia okra, hosszában szeletelve

Só ízlés szerint

½ teáskanál chili por

½ teáskanál kurkuma

2 teáskanál cukor

3 teáskanál őrölt mustár

1 evőkanál tamarind paszta

Módszer

- Egy serpenyőben felforrósítjuk az olajat. 5 percig pirítjuk a hagymamagokat és az okrát.
- Adjuk hozzá a sót, a chiliport, a kurkumát és a cukrot. Fedjük le fedéllel. 10 percig lassú tűzön főzzük.
- Adjuk hozzá a többi hozzávalót. Jól összekeverni. 2-3 percig főzzük. Forrón tálaljuk.

Moghlai karfiol

4 fő részére

Hozzávalók

5 cm gyömbér gyökér

2 teáskanál köménymag

6-7 szem fekete bors

500 g / 1 font 2 uncia karfiol virágok

Só ízlés szerint

2 evőkanál ghí

2 babérlevél

200 g / 7 uncia joghurt

500 ml / 16fl oz kókusztej

1 teáskanál cukor

Módszer

- A gyömbért, a köménymagot és a borsot finomra őröljük.
- Pácold be a karfiol virágokat ezzel a masszával és sózzuk 20 percig.
- Egy serpenyőben felforrósítjuk a ghit. Adjuk hozzá a virágokat. Aranyszínűre sütjük. Adjuk hozzá a többi hozzávalót. Jól összekeverni. Fedjük le fedővel, és lassú tűzön főzzük 7-8 percig. Forrón tálaljuk.

Bhapa Shorshe Baingan

(Padlizsán mustárszószban)

4 fő részére

Hozzávalók

2 hosszú padlizsán

Só ízlés szerint

¼ teáskanál kurkuma

3 evőkanál finomított növényi olaj

3 evőkanál mustárolaj

2-3 evőkanál elkészített mustár

1 evőkanál finomra vágott korianderlevél

1-2 zöld chili apróra vágva

Módszer

- Mindegyik padlizsánt hosszában 8-12 darabra vágjuk. Hagyjuk 5 percig pácolódni a sóval és a kurkumával.
- Egy serpenyőben felforrósítjuk az olajat. Adjuk hozzá a padlizsánszeleteket, és fedjük le fedővel. Közepes lángon 3-4 percig főzzük, időnként megforgatva.
- A mustárolajat habosra keverjük a már elkészített mustárral, és a padlizsánhoz adjuk. Jól összekeverni. Közepes lángon főzzük egy percig.
- Díszítsük korianderlevéllel és zöld chilivel. Forrón tálaljuk.

Sült zöldségek fűszeres szószban

4 fő részére

Hozzávalók

2 vaj kanál

4 gerezd fokhagyma apróra vágva

1 nagy hagyma, apróra vágva

1 evőkanál sima fehér liszt

200g / 7oz fagyasztott vegyes zöldség

Só ízlés szerint

1 teáskanál chili por

1 teáskanál mustárpaszta

250 ml paradicsomszósz

4 nagy burgonya megfőzve és felszeletelve

250 ml / 8fl oz fehér szósz

4 evőkanál reszelt cheddar sajt

Módszer

- Egy serpenyőben felforrósítjuk a vajat. Adjuk hozzá a fokhagymát és a hagymát. Átlátszóra sütjük. Adjuk hozzá a lisztet és pirítsuk egy percig.
- Adjuk hozzá a zöldségeket, a sót, a chiliport, a mustárpasztát és a ketchupot. Közepes lángon 4-5 percig főzzük. Félretesz, mellőz.
- Egy tepsit kivajazunk. A zöldségkeveréket és a burgonyát felváltva helyezzük el. A tetejére öntjük a fehér szószt és a sajtot.
- 200°C-os (400°F, Gas Mark 6) sütőben 20 percig sütjük. Forrón tálaljuk.

ízletes tofu

4 fő részére

Hozzávalók

2 evőkanál finomított növényi olaj

3 kisebb hagyma, lereszelve

1 teáskanál gyömbér paszta

1 teáskanál fokhagyma paszta

3 paradicsom, pürésítve

50 g / 1¾ uncia görög joghurt, felverve

400 g / 14 uncia tofu, 2,5 cm-es darabokra vágva

25 g / kevés 1 uncia korianderlevél, apróra vágva

Só ízlés szerint

Módszer

- Egy serpenyőben felforrósítjuk az olajat. Adjuk hozzá a hagymát, a gyömbérpasztát és a fokhagymapürét. 5 percig pároljuk közepes lángon.
- Adjuk hozzá a többi hozzávalót. Jól összekeverni. Lassú tűzön 3-4 percig főzzük. Forrón tálaljuk.

Aloo Baingan

(burgonya és padlizsán curry)

4 fő részére

Hozzávalók

3 evőkanál finomított növényi olaj

1 teáskanál mustármag

½ teáskanál asafoetida

1 cm gyömbér gyökér, finomra vágva

4 zöld chili hosszában vágva

10 gerezd fokhagyma apróra vágva

6 curry levél

½ teáskanál kurkuma

3 nagy burgonya megfőzve és felkockázva

250 g / 9 uncia padlizsán, apróra vágva

½ teáskanál amchoor*

Só ízlés szerint

Módszer

- Egy serpenyőben felforrósítjuk az olajat. Adjuk hozzá a mustármagot és az asafoetidát. Hagyjuk 15 másodpercig sercegni.
- Adjuk hozzá a gyömbért, a zöld chilipaprikát, a fokhagymát és a curry leveleket. Folyamatos kevergetés mellett 1 percig pirítjuk.
- Adjuk hozzá a többi hozzávalót. Jól összekeverni. Fedjük le fedővel, és lassú tűzön főzzük 10-12 percig. Forrón tálaljuk.

Édes borsó curry

4 fő részére

Hozzávalók

500 g / 1 font 2 uncia édes csípős borsó

2 evőkanál finomított növényi olaj

1 teáskanál gyömbér paszta

1 nagy hagyma, apróra vágva

2 nagy burgonya, meghámozva és felkockázva

½ teáskanál kurkuma

½ teáskanál garam masala

½ teáskanál chili por

1 teáskanál cukor

2 nagy paradicsom, felkockázva

Só ízlés szerint

Módszer

- Hámozza le a szálakat a borsóhüvely széléről. Vágja fel a hüvelyeket. Félretesz, mellőz.
- Egy serpenyőben felforrósítjuk az olajat. Adjuk hozzá a gyömbérpasztát és a hagymát. Átlátszóra sütjük. Hozzáadjuk a többi hozzávalót és a hüvelyeket. Jól összekeverni. Fedjük le fedővel, és lassú tűzön főzzük 7-8 percig. Forrón tálaljuk.

Sütőtök és burgonya curry

4 fő részére

Hozzávalók

2 evőkanál finomított növényi olaj

1 teáskanál panch phoron*

csipetnyi asafoetida

1 szárított vörös chili, kockákra vágva

1 babérlevél

4 nagy burgonya, kockákra vágva

200 g sütőtök kockára vágva

½ teáskanál gyömbér paszta

½ teáskanál fokhagyma paszta

1 teáskanál őrölt kömény

1 teáskanál őrölt koriander

¼ teáskanál kurkuma

½ teáskanál garam masala

1 teáskanál amchoor*

500 ml / 16fl oz víz

Só ízlés szerint

Módszer

- Egy serpenyőben felforrósítjuk az olajat. Add hozzá a panch foront. Hagyjuk 15 másodpercig sercegni.
- Hozzáadjuk az asafoetidát, a pirospaprika darabokat és a babérlevelet. Egy percig pirítjuk.
- Adjuk hozzá a többi hozzávalót. Jól összekeverni. Lassú tűzön 10-12 percig főzzük. Forrón tálaljuk.

Egg Thoran

(Fűszeres rántotta)

4 fő részére

Hozzávalók

60 ml / 2fl oz finomított növényi olaj

¼ teáskanál mustármag

2 apróra vágott hagyma

1 nagy paradicsom, apróra vágva

1 teáskanál frissen őrölt fekete bors

Só ízlés szerint

4 felvert tojás

25 g / kevés 1 oz friss kókuszreszelék

50 g korianderlevél apróra vágva

Módszer

- Egy serpenyőben felforrósítjuk az olajat, és megpirítjuk benne a mustármagot. Hagyjuk 15 másodpercig sercegni. Adjuk hozzá a hagymát és pirítsuk aranybarnára. Adjuk hozzá a paradicsomot, borsozzuk és sózzuk. 2-3 percig pirítjuk.
- Adjuk hozzá a tojásokat. Alacsony lángon, folyamatos kevergetés mellett főzzük.
- Díszítsük kókusz és koriander levelekkel. Forrón tálaljuk.

Baingan Lajawab

(Padlizsán karfiollal)

4 fő részére

Hozzávalók

4 nagy padlizsán

2 evőkanál finomított növényi olaj plusz plusz sütéshez

1 teáskanál köménymag

½ teáskanál kurkuma

2,5 cm gyömbér gyökér, őrölt

2 zöld chili apróra vágva

1 teáskanál amchoor*

Só ízlés szerint

100 g / 3½ uncia fagyasztott borsó

Módszer

- Mindegyik padlizsánt hosszában vágjuk és távolítsuk el a pépet.
- Az olajat felforrósítjuk. Hozzáadjuk a padlizsán héját. 2 percig pirítjuk. Félretesz, mellőz.
- Egy serpenyőben felforrósítunk 2 evőkanál olajat. Adjuk hozzá a köménymagot és a kurkumát. Hagyjuk 15 másodpercig sercegni. Adjuk hozzá a többi hozzávalót és a padlizsánpépet. Enyhén turmixoljuk és lassú tűzön főzzük 5 percig.
- Ezzel a keverékkel óvatosan megtöltjük a padlizsán héját. 3-4 percig grillezzük. Forrón tálaljuk.

Vega Bahar

(Zöldségek diószószban)

4 fő részére

Hozzávalók

3 evőkanál finomított növényi olaj

1 nagy hagyma, apróra vágva

2 nagy paradicsom, apróra vágva

1 teáskanál gyömbér paszta

1 teáskanál fokhagyma paszta

20 db kesudió, darált

2 evőkanál darált dió

2 evőkanál mák

200 g / 7 uncia joghurt

3½ oz / 100 g fagyasztott vegyes zöldek

1 teáskanál garam masala

Só ízlés szerint

Módszer

- Egy serpenyőben felforrósítjuk az olajat. Adjuk hozzá a hagymát. Közepes lángon aranybarnára sütjük. Adjuk hozzá a paradicsomot, a gyömbérpasztát, a fokhagymapürét, a kesudiót, a diót és a mákot. 3-4 percig sütjük.
- Adjuk hozzá a többi hozzávalót. 7-8 percig főzzük. Forrón tálaljuk.

Töltött zöldségek

4 fő részére

Hozzávalók

4 kis burgonya

100 g / 3½ oz okra

4 kis padlizsán

4 evőkanál finomított növényi olaj

½ teáskanál mustármag

csipetnyi asafoetida

A töltelékhez:

250g / 9oz besan*

1 teáskanál őrölt koriander

1 teáskanál őrölt kömény

½ teáskanál kurkuma

1 teáskanál chili por

1 teáskanál garam masala

Só ízlés szerint

Módszer

- A töltelékhez minden hozzávalót összekeverünk. Félretesz, mellőz.
- Vágjuk fel a burgonyát, az okra-t és a padlizsánt. Megtöltjük a töltelékkel. Félretesz, mellőz.
- Egy serpenyőben felforrósítjuk az olajat. Adjuk hozzá a mustármagot és az asafoetidát. Hagyjuk 15 másodpercig sercegni. Hozzáadjuk a töltött zöldségeket. Fedjük le fedővel, és lassú tűzön főzzük 8-10 percig. Forrón tálaljuk.

Singhi Aloo

(comb burgonyával)

4 fő részére

Hozzávalók

5 evőkanál finomított növényi olaj

3 kis hagyma, apróra vágva

3 zöld chili apróra vágva

2 nagy paradicsom, apróra vágva

2 teáskanál őrölt koriander

Só ízlés szerint

5 indiai dobverő*_7,5 cm-es darabokra vágva

2 nagy burgonya, apróra vágva

360 ml / 12fl oz víz

Módszer

- Egy serpenyőben felforrósítjuk az olajat. Adjuk hozzá a hagymát és a chilit. Lassú tűzön egy percig sütjük őket.
- Adjuk hozzá a paradicsomot, az őrölt koriandert és a sót. 2-3 percig pirítjuk.
- Adjuk hozzá a csülköt, a burgonyát és a vizet. Jól összekeverni. Lassú tűzön 10-12 percig főzzük. Forrón tálaljuk.

sindhi curry

4 fő részére

Hozzávalók

150 g / 5½ uncia masoor dhal*

Só ízlés szerint

1 liter / 1¾ pint víz

4 paradicsom, apróra vágva

5 evőkanál finomított növényi olaj

½ teáskanál köménymag

¼ teáskanál görögszéna mag

8 currylevél

3 zöld chili, hosszában felvágva

¼ teáskanál asafoetida

4 evőkanál csók*

½ teáskanál chili por

½ teáskanál kurkuma

8 okra, hosszanti rés

10 db franciabab, felkockázva

6-7 kokum*

1 nagy sárgarépa, zsugorított

1 nagy burgonya, kockákra vágva

Módszer

- Keverjük össze a dhalt a sóval és a vízzel. Főzzük ezt a keveréket egy serpenyőben közepes lángon 45 percig, időnként megkeverve.
- Adjuk hozzá a paradicsomot, és pároljuk 7-8 percig. Félretesz, mellőz.
- Egy serpenyőben felforrósítjuk az olajat. Hozzáadjuk a köményt és a görögszéna magot, a curry leveleket, a zöld chilipaprikát és az asafoetidát. Hagyjuk 30 másodpercig sercegni.
- Add hozzá a csókot. Folyamatos kevergetés mellett egy percig pirítjuk.
- Adjuk hozzá a többi hozzávalót és a dhal keveréket. Jól összekeverni. 10 percig lassú tűzön főzzük. Forrón tálaljuk.

Gulnar Kofta

(Paneer golyó spenótban)

4 fő részére

Hozzávalók

150 g / 5½ oz vegyes dió

200 g / 7 uncia khoya*

4 nagy burgonya megfőzve és pépesítve

150 g / 5½ uncia panel*, aprított

100 g / 3½ uncia cheddar sajt

2 teáskanál kukoricadara

Finomított növényi olaj sütéshez

2 teáskanál vaj

100 g / 3½ oz finomra vágott spenót

1 teáskanál tejszín

Só ízlés szerint

A fűszerkeverékhez:

2 fog

1 cm fahéj

3 szem fekete bors

Módszer

- Keverjük össze a szárított gyümölcsöket a khoya-val. Félretesz, mellőz.
- A fűszerkeverék összes hozzávalóját ledaráljuk. Félretesz, mellőz.
- Keverje össze a burgonyát, a panelt, a sajtot és a kukoricakeményítőt tésztává. A tésztát diónyi golyókra osztjuk, és korongokra lapítjuk. Helyezzen egy adag szárított gyümölcsöt és khoya keveréket minden korongra, és zárja le, mint egy zacskót.
- Diónyi golyókra simítjuk a kofták elkészítéséhez. Félretesz, mellőz.
- Egy serpenyőben felforrósítjuk az olajat. Hozzáadjuk a koftasokat, és közepes lángon aranybarnára sütjük. Lecsöpögtetjük, és egy tálba tesszük.
- Egy serpenyőben felforrósítjuk a vajat. Adjuk hozzá az őrölt fűszerkeveréket. Egy percig pirítjuk.
- Adjuk hozzá a spenótot és főzzük 2-3 percig.
- Adjuk hozzá a tejszínt és a sót. Jól összekeverni. Ezt a keveréket öntsük a koftákra. Forrón tálaljuk.

paneer korma

(Gazdag paneles curry)

4 fő részére

Hozzávalók

500 g / 1 font 2 uncia panel*

3 evőkanál finomított növényi olaj

1 nagy hagyma apróra vágva

2,5 cm gyömbérgyökér, juliened

8 gerezd fokhagyma, összetörve

2 zöld chili apróra vágva

1 nagy paradicsom, apróra vágva

¼ teáskanál kurkuma

½ teáskanál őrölt koriander

½ teáskanál őrölt kömény

1 teáskanál chili por

½ teáskanál garam masala

125 g / 4½ uncia joghurt

Só ízlés szerint

250 ml / 8fl oz víz

2 evőkanál finomra vágott korianderlevél

Módszer

- A panel felét lereszeljük, a többit 2,5 cm-es darabokra vágjuk.
- Egy serpenyőben felforrósítjuk az olajat. Adja hozzá a paneldarabokat. Közepes lángon aranybarnára sütjük őket. Drain és tartalék.
- Ugyanebben az olajban pirítsd meg a hagymát, a gyömbért, a fokhagymát és a zöldpaprikát közepes lángon 2-3 percig.
- Adjuk hozzá a paradicsomot. 2 percig pirítjuk.
- Adjuk hozzá a kurkumát, az őrölt koriandert, az őrölt köményt, a chiliport és a garam masala-t. Jól összekeverni. 2-3 percig pirítjuk.
- Adjuk hozzá a joghurtot, a sót és a vizet. Jól összekeverni. Lassú tűzön 8-10 percig főzzük.
- Hozzáadjuk a sült paneldarabokat. Jól összekeverni. Lassú tűzön 5 percig főzzük.
- Díszítsük a reszelt panelerrel és korianderlevéllel. Forrón tálaljuk.

Burgonya Chutney

4 fő részére

Hozzávalók

100 g / 3½ uncia korianderlevél, apróra vágva

4 zöld chili

2,5 cm / 1 hüvelyk gyömbérgyökér

7 gerezd fokhagyma

25 g / kevés 1 oz friss kókuszreszelék

1 evőkanál citromlé

1 teáskanál köménymag

1 teáskanál koriandermag

½ teáskanál kurkuma

½ teáskanál chili por

Só ízlés szerint

750 g / 1 font 10 uncia nagy burgonya, meghámozva és korongokra vágva

4 evőkanál finomított növényi olaj

¼ teáskanál mustármag

Módszer

- Keverje össze a korianderleveleket, a zöld chilit, a gyömbért, a fokhagymát, a kókuszt, a citromlevet, a köményt és a koriandermagot. Ezt a keveréket addig őröljük, amíg finom pasztát nem kapunk.
- Ezt a masszát keverjük össze a kurkumával, a chiliporral és a sóval.
- Pácold ezzel a keverékkel a burgonyát 30 percig.
- Egy serpenyőben felforrósítjuk az olajat. Adjuk hozzá a mustármagot. Hagyjuk 15 másodpercig sercegni.
- Adjuk hozzá a burgonyát. Lassú tűzön 8-10 percig főzzük őket, időnként megkeverve. Forrón tálaljuk.

Lobia

(Fekete szemű borsó curry)

4 fő részére

Hozzávalók

400 g / 14 uncia fekete szemű borsó, egy éjszakán át áztatva

csipetnyi szódabikarbóna

Só ízlés szerint

1,4 liter / 2½ pint víz

1 nagy hagyma

4 gerezd fokhagyma

3 evőkanál ghí

2 teáskanál őrölt koriander

1 teáskanál őrölt kömény

1 teáskanál amchoor*

½ teáskanál garam masala

½ teáskanál chili por

¼ teáskanál kurkuma

2 paradicsom, felkockázva

3 zöld chili apróra vágva

2 evőkanál korianderlevél,

nagyon apróra vágva

Módszer

- Keverje össze a feketeszemű borsót a szódabikarbónával, sóval és 1,2 liter/2 liter vízzel. Főzzük ezt a keveréket egy serpenyőben közepes lángon 45 percig. Drain és tartalék.
- Addig őröljük a hagymát és a fokhagymát, amíg pépet nem kapunk.
- Melegítsük fel a ghít egy serpenyőben. Hozzáadjuk a tésztát, és közepes lángon aranybarnára sütjük.
- Adjuk hozzá a megfőtt feketeszemű borsót, a maradék vizet, és a korianderlevelek kivételével az összes többi hozzávalót. Lassú tűzön 8-10 percig főzzük.
- Díszítsük korianderlevéllel. Forrón tálaljuk.

Növényi Khatta Meetha

(Édes-savanyú zöldségek)

4 fő részére

Hozzávalók

1 evőkanál liszt

1 evőkanál malátaecet

2 evőkanál cukor

50 g káposzta, finomra vágva hosszú csíkokra

1 nagy zöld kaliforniai paprika csíkokra vágva

1 nagy sárgarépa, csíkokra vágva

50 g zöldbab, vágva és apróra vágva

100 g / 3½ oz bébi kukorica

1 evőkanál finomított növényi olaj

½ teáskanál gyömbér paszta

½ teáskanál fokhagyma paszta

2-3 zöld chili apróra vágva

4-5 metélőhagyma, apróra vágva

125 g / 4½ uncia paradicsompüré

120 ml paradicsomszósz

Só ízlés szerint

10 g / ¼ oz korianderlevél, apróra vágva

Módszer

- A lisztet elkeverjük az ecettel és a cukorral. Félretesz, mellőz.
- Keverje össze a káposztát, a zöld kaliforniai paprikát, a sárgarépát, a zöldbabot és a bébikukoricát. Ezt a keveréket gőzölőben 10 percig pároljuk. Félretesz, mellőz.
- Egy serpenyőben felforrósítjuk az olajat. Adjuk hozzá a gyömbérpasztát, a fokhagymás pépet és a chilit. 30 másodpercig sütjük.
- Adjuk hozzá a metélőhagymát. 1-2 percig pirítjuk.
- Hozzáadjuk a párolt zöldségeket és a paradicsompürét, a paradicsomszószt és a sót. Lassú tűzön 5-6 percig főzzük.
- Adjuk hozzá a lisztpasztát. 3-4 percig főzzük.
- Díszítsük korianderlevéllel. Forrón tálaljuk.

Dahiwale Chhole

(Csicseriborsó joghurtos szószban)

4 fő részére

Hozzávalók

500 g / 1 font 2 uncia csicseriborsó, egy éjszakán át áztatva

csipetnyi szódabikarbóna

Só ízlés szerint

1 liter / 1¾ pint víz

3 evőkanál ghí

2 nagy hagyma, lereszelve

1 teáskanál reszelt gyömbér

150 g / 5½ uncia joghurt

1 teáskanál garam masala

1 teáskanál őrölt kömény, szárazon pirítva

½ teáskanál chili por

¼ teáskanál kurkuma

1 teáskanál amchoor*

½ evőkanál kesudió

½ evőkanál mazsola

Módszer

- Keverjük össze a csicseriborsót a szódabikarbónával, sóval és vízzel. Főzzük ezt a keveréket egy serpenyőben közepes lángon 45 percig. Drain és tartalék.
- Melegítsük fel a ghít egy serpenyőben. Adjuk hozzá a hagymát és a gyömbért. Közepes lángon addig pirítjuk őket, amíg a hagyma átlátszó lesz.
- Adjuk hozzá a csicseriborsót és a többi hozzávalót, kivéve a kesudiót és a mazsolát. Jól összekeverni. Lassú tűzön főzzük 7-8 percig.
- Díszítsük kesudióval és mazsolával. Forrón tálaljuk.

Teekha Papad Bhaji*

(Fűszeres Poppadam étel)

4 fő részére

Hozzávalók

1 evőkanál finomított növényi olaj

¼ teáskanál mustármag

¼ teáskanál köménymag

¼ teáskanál görögszéna mag

2 teáskanál őrölt koriander

3 teáskanál cukor

Só ízlés szerint

250 ml / 8fl oz víz

6 poppadam, darabokra törve

1 evőkanál apróra vágott korianderlevél

Módszer

- Egy serpenyőben felforrósítjuk az olajat. Hozzáadjuk a mustárt, a köményt és a görögszéna magot, az őrölt koriandert, a cukrot és a sót. Hagyjuk 30 másodpercig sercegni. Adjuk hozzá a vizet és forraljuk 3-4 percig.

- Adjuk hozzá a poppadam darabokat. Lassú tűzön 5-7 percig főzzük. Díszítsük korianderlevéllel. Forrón tálaljuk.

Keleki Bhaji

(zöld banán curry)

4 fő részére

Hozzávalók

6 zöld útifű, meghámozva és 2,5 cm vastag darabokra vágva

Só ízlés szerint

3 evőkanál finomított növényi olaj

1 nagy vöröshagyma, vékonyra szeletelve

2 gerezd zúzott fokhagyma

2-3 zöld chili, hosszában felvágva

1 cm gyömbér gyökér

1 teáskanál kurkuma

½ teáskanál köménymag

½ friss kókusz, reszelve

Módszer

- Áztassuk az útifűféléket hideg vízbe és sózzuk egy órára. Drain és tartalék.

- Egy serpenyőben felforrósítjuk az olajat. Adjuk hozzá a hagymát, a fokhagymát, a zöld chilit és a gyömbért. Közepes lángon pirítsuk őket, amíg a hagyma aranybarna nem lesz.

- Adjuk hozzá a banánt és a kurkumát, a köményt és a sót. Jól összekeverni. Fedjük le fedővel, és pároljuk 5-6 percig.

- Adjuk hozzá a kókuszt, enyhén keverjük össze és főzzük 2-3 percig. Forrón tálaljuk.

Coco Kathal

(Zöld jackfruit kókuszos)

4 fő részére

Hozzávalók

500 g / 1 font 2 uncia zöld jackfruit*, meghámozzuk és felaprítjuk

500 ml / 16fl oz víz

Só ízlés szerint

100 ml / 3½ oz mustárolaj

2 babérlevél

1 teáskanál köménymag

1 teáskanál gyömbér paszta

250 ml / 8fl oz kókusztej

Cukor ízlés szerint

A fűszerezéshez:

75 g / 2½ uncia ghí

1 cm fahéj

4 zöld kardamom hüvely

1 teáskanál chili por

2 zöld chili hosszában vágva

Módszer

- Keverjük össze a jackfruit darabokat a vízzel és a sóval. Főzzük ezt a keveréket egy serpenyőben közepes lángon 30 percig. Drain és tartalék.

- Egy serpenyőben felhevítjük a mustárolajat. Hozzáadjuk a babérlevelet és a köménymagot. Hagyjuk 15 másodpercig sercegni.

- Adjuk hozzá a jackfruit- és gyömbérpasztát, a kókusztejet és a cukrot. Folyamatos kevergetés mellett 3-4 percig főzzük. Félretesz, mellőz.

- Egy serpenyőben felforrósítjuk a ghit. Adjuk hozzá a fűszerezés hozzávalóit. 30 másodpercig sütjük.

- Öntse ezt a keveréket a jackfruit keverékre. Forrón tálaljuk.

Fűszeres Yam szeletek

4 fő részére

Hozzávalók

500 g / 1 font 2 uncia yam

1 közepes hagyma

1 teáskanál gyömbér paszta

1 teáskanál fokhagyma paszta

1 teáskanál chili por

1 teáskanál őrölt koriander

4 fog

1 cm fahéj

4 zöld kardamom hüvely

½ teáskanál bors

50 g / 1¾ uncia korianderlevél

50 g / 1¾ uncia mentalevél

Só ízlés szerint

Finomított növényi olaj sütéshez

Módszer

- A dzsemeket meghámozzuk és 1 cm vastag szeletekre vágjuk. 5 percig pároljuk. Félretesz, mellőz.

- A többi hozzávalót az olaj kivételével sima masszává morzsoljuk.

- Vigye fel a pasztát a jamszeletek mindkét oldalára.

- Egy tapadásmentes serpenyőben felforrósítjuk az olajat. Hozzáadjuk a jamszeleteket. Mindkét oldalát ropogósra sütjük, a szélein kevés olajat adunk hozzá. Forrón tálaljuk.

yam masala

4 fő részére

Hozzávalók

400 g / 14 oz yam, meghámozva és felkockázva

750 ml / 1¼ pint víz

Só ízlés szerint

3 evőkanál finomított növényi olaj

¼ mustármag

2 egész piros chili apróra vágva

¼ teáskanál kurkuma

¼ teáskanál őrölt kömény

1 teáskanál őrölt koriander

3 evőkanál földimogyoró, durvára törve

Módszer

- Forraljuk fel a jamkot a vízzel és a sóval egy lábosban 30 percig. Drain és tartalék.

- Egy serpenyőben felforrósítjuk az olajat. Hozzáadjuk a mustármagot és a pirospaprika darabokat. Hagyjuk 15 másodpercig sercegni.

- Hozzáadjuk a többi hozzávalót és a főtt jamkot. Jól összekeverni. Lassú tűzön főzzük 7-8 percig. forrón tálaljuk

masala cékla

4 fő részére

Hozzávalók

2 evőkanál finomított növényi olaj

3 kis hagyma, apróra vágva

½ teáskanál gyömbér paszta

½ teáskanál fokhagyma paszta

3 zöld chili, hosszában felvágva

3 cékla, meghámozva és apróra vágva

¼ teáskanál kurkuma

1 teáskanál őrölt koriander

¼ teáskanál garam masala

Só ízlés szerint

125 g / 4½ uncia paradicsompüré

1 evőkanál apróra vágott korianderlevél

Módszer

- Egy serpenyőben felforrósítjuk az olajat. Adjuk hozzá a hagymát. Közepes lángon addig sütjük őket, amíg áttetszővé nem válnak.

- Adjuk hozzá a gyömbérpasztát, a fokhagymás pasztát és a zöld chilit. Lassú tűzön pároljuk 2-3 percig.

- Adjuk hozzá a céklát, a kurkumát, az őrölt koriandert, a garam masala-t, a sót és a paradicsompürét. Jól összekeverni. 7-8 percig főzzük. Díszítsük korianderlevéllel. Forrón tálaljuk.

babcsíra masala

4 fő részére

Hozzávalók

2 evőkanál finomított növényi olaj

3 kis hagyma, apróra vágva

4 zöld chili apróra vágva

1 cm gyömbér gyökér, juliened

8 gerezd fokhagyma, összetörve

¼ teáskanál kurkuma

1 teáskanál őrölt koriander

2 paradicsom, apróra vágva

200g / 7oz csíráztatott mung bab, párolva

Só ízlés szerint

1 evőkanál apróra vágott korianderlevél

Módszer

- Egy serpenyőben felforrósítjuk az olajat. Adjuk hozzá a hagymát, a zöld chilit, a gyömbért és a fokhagymát. Közepes lángon pirítsuk a keveréket, amíg a hagyma aranybarna nem lesz.

- Hozzáadjuk a többi hozzávalót a korianderlevél kivételével. Jól összekeverni. Főzzük a keveréket alacsony lángon 8-10 percig, időnként megkeverve.

- Díszítsük korianderlevéllel. Forrón tálaljuk.

mirch masala

(csípős zöldpaprika)

4 fő részére

Hozzávalók

100 g / 3½ oz finomra vágott spenót

¼ oz / 10 g görögszéna levél, apróra vágva

25 g / kevés 1 uncia korianderlevél, apróra vágva

3 zöld chili, hosszában felvágva

60 ml / 2 fl oz víz

3½ evőkanál finomított növényi olaj

2 evőkanál csók*

1 nagy burgonya, megfőzve és pépesítve

¼ teáskanál kurkuma

2 teáskanál őrölt koriander

½ teáskanál chili por

Só ízlés szerint

8 kis zöld kaliforniai paprika, kimagozva és kimagozva

1 nagy hagyma, apróra vágva

2 paradicsom, apróra vágva

Módszer

- Keverje össze a spenótot, a görögszénát, a korianderlevelet és a chilit a vízzel. Pároljuk a keveréket 15 percig. Csöpögtessük le és őröljük le ezt a keveréket, amíg pasztát nem kapunk.

- Egy serpenyőben felforrósítjuk az olaj felét. Adjuk hozzá a besant, a burgonyát, a kurkumát, az őrölt koriandert, a chiliport, a sót és a spenótpürét. Jól összekeverni. Ezt a keveréket közepes lángon 3-4 percig sütjük. Levesszük a tűzről.

- Ezt a keveréket töltsük meg zöldpaprikával.

- Egy serpenyőben felforrósítunk ½ evőkanál olajat. Adjuk hozzá a töltött paprikát. Közepes lángon 7-8 percig sütjük őket, időnként megforgatva. Félretesz, mellőz.

- A maradék olajat egy serpenyőben felforrósítjuk. Adjuk hozzá a hagymát. Közepes lángon aranybarnára sütjük. Hozzáadjuk a paradicsomot és a sült töltött paprikát. Jól összekeverni. Fedjük le fedővel, és pároljuk 4-5 percig. Forrón tálaljuk.

kadhi paradicsom

(Paradicsom grammos liszt szószban)

4 fő részére

Hozzávalók

2 evőkanál csók*

120 ml / 4 fl oz víz

3 evőkanál finomított növényi olaj

½ teáskanál mustármag

½ teáskanál görögszéna mag

½ teáskanál köménymag

2 zöld chili hosszában vágva

8 currylevél

1 teáskanál chili por

2 teáskanál cukor

5½ oz / 150 g fagyasztott vegyes zöldek

Só ízlés szerint

8 paradicsom, blansírozva és pürésítve

2 evőkanál finomra vágott korianderlevél

Módszer

- Keverjük össze a besant a vízzel, hogy sima pasztát kapjunk. Félretesz, mellőz.

- Egy serpenyőben felforrósítjuk az olajat. Hozzáadjuk a mustárt, a görögszéna- és a köménymagot, a zöldpaprikát, a curryleveleket, a chiliport és a cukrot. Hagyjuk 30 másodpercig sercegni.

- Adjuk hozzá a zöldségeket és a sót. A keveréket közepes lángon egy percig pirítjuk.

- Adjuk hozzá a paradicsompürét. Jól összekeverni. Főzzük a keveréket alacsony lángon 5 percig.

- Adjuk hozzá a besan pasztát. Főzzük további 3-4 percig.

- A kadhit korianderlevéllel díszítjük. Forrón tálaljuk.

zöldséges kolhapuri

(Fűszeres vegyes zöldség)

4 fő részére

Hozzávalók

200g / 7oz fagyasztott vegyes zöldség

4½ oz / 125 g fagyasztott borsó

500 ml / 16fl oz víz

2 piros chili

2,5 cm / 1 hüvelyk gyömbérgyökér

8 gerezd fokhagyma

2 zöld chili

50 g korianderlevél, apróra vágva

3 evőkanál finomított növényi olaj

3 kis hagyma, apróra vágva

3 paradicsom, apróra vágva

¼ teáskanál kurkuma

¼ teáskanál őrölt koriander

Só ízlés szerint

Módszer

- A zöldségeket és a borsót összekeverjük a vízzel. Főzzük a keveréket egy serpenyőben közepes lángon 10 percig. Félretesz, mellőz.

- A pirospaprikát, a gyömbért, a fokhagymát, a zöldpaprikát és a korianderleveleket finom pépesre őröljük.

- Egy serpenyőben felforrósítjuk az olajat. Adjuk hozzá az őrölt pirospaprikát és a gyömbérpasztát és a hagymát. A keveréket közepes lángon 2 percig pirítjuk.

- Adjuk hozzá a paradicsomot, a kurkumát, az őrölt koriandert és a sót. Ezt a keveréket 2-3 percig sütjük, időnként megkeverve.

- Hozzáadjuk a főtt zöldségeket. Jól összekeverni. Fedjük le fedővel, és lassú tűzön főzzük 5-6 percig, rendszeres keverés mellett.

- Forrón tálaljuk.

undhiyu

(gudzsaráti vegyes zöldségek galuskával)

4 fő részére

Hozzávalók

2 nagy burgonya, meghámozva

250 g / 9 uncia szemes bab hüvelyben

1 zöld banán, meghámozva

20 g / ¾ uncia jamk, meghámozva

2 kis padlizsán

60 g friss kókuszreszelék

8 gerezd fokhagyma

2 zöld chili

2,5 cm / 1 hüvelyk gyömbérgyökér

100 g / 3½ uncia korianderlevél, apróra vágva

Só ízlés szerint

60 ml / 2fl oz finomított növényi olaj plusz plusz sütéshez

csipetnyi asafoetida

½ teáskanál mustármag

250 ml / 8fl oz víz

A muthiáknak:

60g / 2oz besan*

25 g / kevés 1 uncia friss görögszéna levél, apróra vágva

½ teáskanál gyömbér paszta

2 zöld chili apróra vágva

Módszer

- Vágja fel a burgonyát, a babot, az útifűszert, a jamkot és a padlizsánt. Félretesz, mellőz.
- A kókuszt, a fokhagymát, a zöldpaprikát, a gyömbért és a korianderleveleket pépesre darálják. Ezt a tésztát keverjük össze a felaprított zöldségekkel és sóval. Félretesz, mellőz.
- Keverjük össze a muthia összes összetevőjét. A keveréket addig gyúrjuk, amíg kemény tésztát nem kapunk. A tésztát diónyi golyókra osztjuk.
- Egy serpenyőben felforrósítjuk az olajat a sütéshez. Adjuk hozzá a muthiákat. Közepes lángon aranybarnára sütjük őket. Drain és tartalék.
- A maradék olajat egy serpenyőben felforrósítjuk. Adjuk hozzá az asafoetidát és a mustármagot. Hagyjuk 15 másodpercig sercegni.
- Adjuk hozzá a vizet, a muthiákat és a zöldségkeveréket. Jól összekeverni. Fedjük le fedővel, és lassú tűzön főzzük 20 percig, rendszeres kevergetés mellett. Forrón tálaljuk.

Banán Kofta Curry

4 fő részére

Hozzávalók
A koftákhoz:

2 zöld útifű, megfőzve és meghámozva

2 nagy burgonya megfőzve és meghámozva

3 zöld chili apróra vágva

1 nagy hagyma, apróra vágva

1 evőkanál finomra vágott korianderlevél

1 evőkanál csók*

½ teáskanál chili por

Só ízlés szerint

ghí a sütéshez

A curryhez:

75 g / 2½ uncia ghí

1 nagy hagyma, apróra vágva

10 gerezd fokhagyma, összetörve

1 evőkanál őrölt koriander

1 teáskanál garam masala

2 paradicsom, apróra vágva

3 curry levél

Só ízlés szerint

250 ml / 8fl oz víz

½ evőkanál korianderlevél, apróra vágva

Módszer

- A banánt és a burgonyát pépesítjük.
- Keverjük össze a maradék kofta hozzávalókkal, a ghí kivételével. Ezt a keveréket addig gyúrjuk, amíg kemény tésztát nem kapunk. A tésztát diónyi golyókra osztjuk a kofták elkészítéséhez.
- Egy serpenyőben melegítsük fel a sütéshez a ghít. Adjuk hozzá a koftasokat. Közepes lángon aranybarnára sütjük őket. Drain és tartalék.
- A curryhez a ghit egy serpenyőben felforrósítjuk. Adjuk hozzá a hagymát és a fokhagymát. Közepes lángon addig pirítjuk, amíg a hagyma átlátszóvá nem válik. Adjuk hozzá az őrölt koriandert és a garam masala-t. 2-3 percig pirítjuk.
- Adjuk hozzá a paradicsomot, a curry leveleket, a sót és a vizet. Jól összekeverni. Forraljuk a keveréket 15 percig, időnként megkeverve.
- Hozzáadjuk a sült koftast. Fedjük le fedővel, és lassú tűzön főzzük tovább 2-3 percig.
- Díszítsük korianderlevéllel. Forrón tálaljuk.

Keserűtök hagymával

4 fő részére

Hozzávalók

500 g / 1 font 2 uncia keserűtök*

Só ízlés szerint

750 ml / 1¼ pint víz

4 evőkanál finomított növényi olaj

½ teáskanál köménymag

½ teáskanál mustármag

csipetnyi asafoetida

½ teáskanál gyömbér paszta

½ teáskanál fokhagyma paszta

2 nagy hagyma, apróra vágva

½ teáskanál kurkuma

1 teáskanál chili por

1 teáskanál őrölt kömény

1 teáskanál őrölt koriander

1 teáskanál cukor

1 citrom leve

1 evőkanál finomra vágott korianderlevél

Módszer

- A keserű tököt meghámozzuk és vékony szeletekre vágjuk. Dobja el a magokat.
- Főzzük őket sóval és vízzel egy serpenyőben, közepes lángon 5-7 percig. Lehúzzuk a tűzről, lecsepegtetjük és leengedjük a vizet, tartalékoljuk.
- Egy serpenyőben felforrósítjuk az olajat. Hozzáadjuk a köményt és a mustármagot. Hagyjuk 15 másodpercig sercegni.
- Adjuk hozzá az asafoetidát, a gyömbérpasztát és a fokhagymapürét. A keveréket közepes lángon egy percig pirítjuk.
- Adjuk hozzá a hagymát. 2-3 percig sütjük őket.
- Hozzáadjuk a kurkumát, a chiliport, az őrölt köményt és az őrölt koriandert. Jól összekeverni.

- Adjuk hozzá a keserűtököt, a cukrot és a citromlevet. Jól összekeverni. Fedjük le fedővel, és lassú tűzön főzzük 6-7 percig, rendszeres időközönként kevergetve.
- Díszítsük korianderlevéllel. Forrón tálaljuk.

Sukha Khatta Chana

(Keserű szárított csicseriborsó)

4 fő részére

Hozzávalók

4 szem fekete bors

2 fog

2,5 cm / 1 hüvelyk fahéj

½ teáskanál koriandermag

½ teáskanál fekete köménymag

½ teáskanál köménymag

500 g / 1 font 2 uncia csicseriborsó, egy éjszakán át áztatva

Só ízlés szerint

1 liter / 1¾ pint víz

1 evőkanál szárított gránátalma mag

Só ízlés szerint

1 cm gyömbér gyökér, finomra vágva

1 zöld chili, apróra vágva

2 teáskanál tamarind paszta

2 evőkanál ghí

1 kis burgonya, kockára vágva

1 paradicsom, apróra vágva

Módszer

- A fűszerkeverékhez a borsot, a szegfűszeget, a fahéjat, a koriandert, a feketeköménymagot és a köménymagot őrölje finom porrá. Félretesz, mellőz.
- Keverjük össze a csicseriborsót sóval és vízzel. Főzzük ezt a keveréket egy serpenyőben közepes lángon 45 percig. Félretesz, mellőz.
- A gránátalma magokat serpenyőben, közepes lángon szárazon pirítjuk 2-3 percig. Levesszük a tűzről, és addig őröljük, amíg port nem kapunk. Keverjük össze a sóval, és ismét szárazon pirítsuk 5 percig. Tegyük át egy serpenyőbe.
- Adjuk hozzá a gyömbért, a zöld chilit és a tamarindpasztát. Főzzük ezt a keveréket közepes lángon 4-5 percig. Adjuk hozzá az őrölt fűszerkeveréket. Jól összekeverjük és tartalékoljuk.
- Egy másik serpenyőben felmelegítjük a ghít. Adjuk hozzá a burgonyát. Közepes lángon aranybarnára sütjük őket.
- Adjuk hozzá a chipset a főtt csicseriborsóhoz. Adjuk hozzá a tamarind és az őrölt fűszerek keverékét is.
- Jól keverjük össze, és lassú tűzön főzzük 5-6 percig.

Bharwan Karela

(Töltött keserűtök)

4 fő részére

Hozzávalók

500 g / 1 font 2 uncia kis keserűtök*

Só ízlés szerint

1 teáskanál kurkuma

Finomított növényi olaj sütéshez

A töltelékhez:

5-6 zöld chili

2,5 cm / 1 hüvelyk gyömbérgyökér

12 gerezd fokhagyma

3 kis hagyma

1 evőkanál finomított növényi olaj

4 nagy burgonya megfőzve és pépesítve

½ teáskanál kurkuma

½ teáskanál chili por

1 teáskanál őrölt kömény

1 teáskanál őrölt koriander

csipetnyi asafoetida

Só ízlés szerint

Módszer

- A keserű tököt meghámozzuk. Hosszában óvatosan vágjuk le őket úgy, hogy az alapok épek maradjanak. Távolítsa el a magokat és a pépet, és dobja ki. Dörzsölje be a sót és a kurkumát a külső héjba. Tedd félre 4-5 órára.
- A töltelékhez a chilit, a gyömbért, a fokhagymát és a hagymát addig daráljuk, amíg pépet nem kapunk. Félretesz, mellőz.
- Egy serpenyőben felforrósítunk 1 evőkanál olajat. Adjuk hozzá a hagymát, gyömbért és fokhagymát. Közepes lángon 2-3 percig sütjük.
- Hozzáadjuk a maradék töltelék hozzávalóit. Jól összekeverni. A keveréket közepes lángon 3-4 percig sütjük.
- Vegyük le a tűzről és hűtsük le a keveréket. Ezzel a keverékkel megtöltjük a sütőtököket. Minden sütőtököt zsinórral kössünk meg, hogy a töltelék ne essen ki főzés közben.
- Egy serpenyőben felforrósítjuk az olajat a sütéshez. Hozzáadjuk a töltött sütőtököt. Közepes lángon süssük aranybarnára és ropogósra, gyakran forgatva.
- Oldja ki a keserű tököt, és dobja ki a szálakat. Forrón tálaljuk.

Kofta káposzta curry

(Káposztagombóc szószban)

4 fő részére

Hozzávalók
1 nagy káposzta, felaprítva

250g / 9oz besan*

Só ízlés szerint

Finomított növényi olaj sütéshez

2 evőkanál korianderlevél, díszítéshez

A szószhoz:
3 evőkanál finomított növényi olaj

3 babérlevél

1 fekete kardamom

1 cm fahéj

1 fogat

1 nagy hagyma

nagyon apróra vágva

2,5 cm gyömbérgyökér, juliened

3 paradicsom, apróra vágva

1 teáskanál őrölt koriander

1 teáskanál őrölt kömény

Só ízlés szerint

250 ml / 8fl oz víz

Módszer

- A káposztát, a besánt és a sót sima tésztává gyúrjuk. A tésztát diónyi golyókra osztjuk.
- Egy serpenyőben felforrósítjuk az olajat. Add hozzá a golyókat. Közepes lángon aranybarnára sütjük őket. Drain és tartalék.
- A szószhoz egy serpenyőben felforrósítjuk az olajat. Hozzáadjuk a babérlevelet, a kardamomot, a fahéjat és a szegfűszeget. Hagyjuk 30 másodpercig sercegni.
- Adjuk hozzá a hagymát és a gyömbért. Ezt a keveréket közepes lángon addig pirítjuk, amíg a hagyma átlátszóvá nem válik.
- Hozzáadjuk a paradicsomot, az őrölt koriandert és az őrölt köményt. Jól összekeverni. 2-3 percig pirítjuk.
- Adjuk hozzá a sót és a vizet. Egy percig keverjük. Fedjük le fedővel, és pároljuk 5 percig.
- Fedjük le a serpenyőt, és adjuk hozzá a kofta golyókat. Lassú tűzön főzzük még 5 percig, időnként megkeverve.
- Díszítsük korianderlevéllel. Forrón tálaljuk.

ananász gojju

(fűszeres ananászbefőtt)

4 fő részére

Hozzávalók

3 evőkanál finomított növényi olaj

250 ml / 8fl oz víz

1 teáskanál mustármag

6 curry levél, összetörve

csipetnyi asafoetida

½ teáskanál kurkuma

Só ízlés szerint

400 g / 14 uncia apróra vágott ananász

A fűszerkeverékhez:

4 evőkanál friss kókuszreszelék

3 zöld chili

2 piros chili

½ teáskanál édesköménymag

½ teáskanál görögszéna mag

1 teáskanál köménymag

2 teáskanál koriandermag

1 kis csokor korianderlevél

1 fogat

2-3 szem bors

Módszer

- Keverjük össze a fűszerkeverék összes összetevőjét.
- Egy serpenyőben felforrósítunk 1 evőkanál olajat. Adjuk hozzá a fűszerkeveréket. Közepes lángon 1-2 percig sütjük, gyakran kevergetve. Levesszük a tűzről, és a víz felével addig turmixoljuk, amíg sima masszát nem kapunk. Félretesz, mellőz.
- A maradék olajat egy serpenyőben felforrósítjuk. Adjuk hozzá a mustármagot és a curry leveleket. Hagyjuk 15 másodpercig sercegni.
- Adjuk hozzá az asafoetidát, a kurkumát és a sót. Egy percig pirítjuk.
- Adjuk hozzá az ananászt, a kevert fűszerpasztát és a maradék vizet. Jól összekeverni. Fedjük le fedővel, és lassú tűzön főzzük 8-12 percig. Forrón tálaljuk.

Keserűtök gojju

(Fűszeres keserűtök kompót)

4 fő részére

Hozzávalók

Só ízlés szerint

4 nagy keserűtök*, meghámozzuk, hosszában felvágjuk, kimagozzuk és felszeleteljük

6 evőkanál finomított növényi olaj

1 teáskanál mustármag

8-10 currylevél

1 nagy hagyma lereszelve

3-4 gerezd fokhagyma, összetörve

2 teáskanál chili por

1 teáskanál őrölt kömény

½ teáskanál kurkuma

1 teáskanál őrölt koriander

2 teáskanál sambhar por*

2 teáskanál friss kókusz, reszelve

1 teáskanál görögszéna mag szárazon pirítva és őrölve

2 teáskanál fehér szezámmag szárazon pirítva és őrölve

2 evőkanál barna cukor*, olvadt

½ teáskanál tamarind paszta

250 ml / 8fl oz víz

csipetnyi asafoetida

Módszer

- Dörzsölje be a sót a keserűtök szeletekre. Tedd őket egy tálba, és zárd le alufóliával. 30 percig pihentetjük. Csavarja ki a felesleges nedvességet.
- Egy serpenyőben felforrósítjuk az olaj felét. Adjuk hozzá a keserű tököt. Közepes lángon aranybarnára sütjük őket. Félretesz, mellőz.
- A maradék olajat egy másik serpenyőben felhevítjük. Adjuk hozzá a mustármagot és a curry leveleket. Hagyjuk 15 másodpercig sercegni.
- Adjuk hozzá a hagymát és a fokhagymát. Ezt a keveréket közepes lángon sütjük, amíg a hagyma aranybarna nem lesz.
- Adjuk hozzá a chiliport, az őrölt köményt, a kurkumát, az őrölt koriandert, a sambhar port és a kókuszt. 2-3 percig pirítjuk.
- Adja hozzá a többi hozzávalót a víz és az asafoetida kivételével. Még egy percig pirítjuk.
- Hozzáadjuk a sült keserűtököt, egy kis sót és a vizet. Jól összekeverni. Fedjük le fedővel, és lassú tűzön főzzük 12-15 percig.
- Adjuk hozzá az asafoetidát. Jól összekeverni. Forrón tálaljuk.

Baingan Mirchi ka Salan

(padlizsán és Chile)

4 fő részére

Hozzávalók

6 egész zöld kaliforniai paprika

4 evőkanál finomított növényi olaj

600 g / 1 font 5 uncia kis padlizsán, negyedelve

4 zöld chili

1 teáskanál szezámmag

10 kesudió

20-25 földimogyoró

5 szem fekete bors

¼ teáskanál görögszéna mag

¼ teáskanál mustármag

1 teáskanál gyömbér paszta

1 teáskanál fokhagyma paszta

1 teáskanál őrölt koriander

1 teáskanál őrölt kömény

½ teáskanál kurkuma

125 g / 4½ uncia joghurt

2 teáskanál tamarind paszta

3 egész piros chili

Só ízlés szerint

1 liter / 1¾ pint víz

Módszer

- A zöld kaliforniai paprikát kimagozzuk és hosszú csíkokra vágjuk.
- Egy serpenyőben felforrósítunk 1 evőkanál olajat. Hozzáadjuk a zöldpaprikát, és közepes lángon 1-2 percig pirítjuk. Félretesz, mellőz.
- Egy másik serpenyőben hevíts fel 2 evőkanál olajat. Adjuk hozzá a padlizsánt és a zöld chilit. Közepes lángon pároljuk 2-3 percig. Félretesz, mellőz.
- Melegíts fel egy serpenyőt, és közepes lángon pirítsd szárazon a szezámmagot, kesudiót, földimogyorót és borsot 1-2 percig. Levesszük a tűzről, és a keveréket nagy darabokra vágjuk.
- A maradék olajat egy serpenyőben felforrósítjuk. Hozzáadjuk a görögszéna magot, a mustármagot, a gyömbérpasztát, a fokhagymapürét, az őrölt koriandert, az őrölt köményt, a kurkumát és a kesudió-szezámmag keveréket. Közepes lángon 2-3 percig sütjük.
- Hozzáadjuk a párolt zöldpaprikát, a párolt padlizsánt és a többi hozzávalót. Lassú tűzön 10-12 percig főzzük.
- Forrón tálaljuk.

Csirke zöldségekkel

4 fő részére

Hozzávalók

750 g / 1 font 10 uncia csirke, 8 részre vágva

50 g / 1 ¾ uncia apróra vágott spenót

25 g / kevés 1 uncia friss görögszéna levél, apróra vágva

100 g / 3½ uncia korianderlevél, apróra vágva

50 g mentalevél, apróra vágva

6 zöld chili apróra vágva

120 ml / 4fl oz finomított növényi olaj

2-3 nagy hagyma, vékonyra szeletelve

Só ízlés szerint

Módszer

- Keverjük össze a pác összes összetevőjét. Pácold a csirkét ezzel a keverékkel egy órán keresztül.
- A spenótot, a görögszéna leveleket, a korianderleveleket és a mentaleveleket a zöld chilivel őrölje, amíg sima masszát nem kap. Ezt a masszát keverjük össze a pácolt csirkehússal. Félretesz, mellőz.
- Egy serpenyőben felforrósítjuk az olajat. Adjuk hozzá a hagymát. Közepes lángon aranybarnára sütjük őket.

- Adjuk hozzá a csirkehús keveréket és a sót. Jól összekeverni. Fedjük le fedővel, és lassú tűzön főzzük 40 percig, időnként megkeverve. Forrón tálaljuk.

A páchoz:

1 teáskanál garam masala

1 teáskanál őrölt koriander

1 teáskanál őrölt kömény

200 g / 7 uncia joghurt

¼ teáskanál kurkuma

1 teáskanál chili por

1 teáskanál gyömbér paszta

1 teáskanál fokhagyma paszta

Tikka Masala csirke

4 fő részére

Hozzávalók

200 g / 7 uncia joghurt

½ evőkanál gyömbér paszta

½ evőkanál fokhagyma paszta

Egy csipetnyi narancssárga ételfesték

2 evőkanál finomított növényi olaj

500 g / 1 lb 2 oz csont nélküli csirke, apró darabokra vágva

1 evőkanál vaj

6 paradicsom, apróra vágva

2 nagy hagyma

½ teáskanál gyömbér paszta

½ teáskanál fokhagyma paszta

½ teáskanál kurkuma

1 evőkanál garam masala

1 teáskanál chili por

Só ízlés szerint

1 evőkanál finomra vágott korianderlevél

Módszer

- A tikkához keverjük össze a joghurtot, a gyömbérpasztát, a fokhagymás masszát, az ételfestéket és az 1 evőkanál olajat. Pácold ezzel a keverékkel a csirkét 5 órán keresztül.
- A pácolt csirkét 10 percig grillezzük. Félretesz, mellőz.
- Egy serpenyőben felforrósítjuk a vajat. Adjuk hozzá a paradicsomot. Közepes lángon 3-4 percig sütjük őket. Levesszük a tűzről, és addig keverjük, amíg sima masszát nem kapunk. Félretesz, mellőz.
- Addig őröljük a hagymát, amíg sima masszát nem kapunk.
- A maradék olajat egy serpenyőben felforrósítjuk. Adjuk hozzá a hagymapürét. Közepes lángon aranybarnára sütjük.
- Adjuk hozzá a gyömbérpasztát és a fokhagymapürét. Egy percig pirítjuk.
- Hozzáadjuk a kurkumát, a garam masala-t, a chiliport és a paradicsompürét. Jól összekeverni. A keveréket 3-4 percig keverjük.
- Adjuk hozzá a sót és a grillezett csirkét. Óvatosan keverjük össze, amíg a szósz be nem vonja a csirkét.
- Díszítsük korianderlevéllel. Forrón tálaljuk.

Fűszeres töltött csirke gazdag szószban

4 fő részére

Hozzávalók

½ teáskanál chili por

½ teáskanál garam masala

4 teáskanál gyömbér paszta

4 teáskanál fokhagyma paszta

Só ízlés szerint

8 csirkemell, lapítva

4 nagy hagyma, apróra vágva

5 cm gyömbér gyökér, finomra vágva

5 zöld chili apróra vágva

200 g / 7 uncia khoya*

2 evőkanál citromlé

50 g korianderlevél, apróra vágva

15 kesudió

5 teáskanál szárított kókuszdió

1 uncia / 30 g pehely mandula

1 teáskanál sáfrány, 1 evőkanál tejbe áztatva

150 g / 5½ uncia ghí

200 g / 7 oz joghurt, összerázva

Módszer

- Keverjük össze a chiliport, a garam masala-t, a gyömbérpaszta felét, a fokhagymapép felét és egy kevés sót. Pácold ezzel a keverékkel a csirkemelleket 2 órán keresztül.
- Keverje össze a hagyma felét a darált gyömbérrel, zöld chilipaprikával, khoya-val, citromlével, sóval és a korianderlevél felével. Osszuk ezt a keveréket 8 egyenlő részre.
- Helyezze az egyes részeket a csirkemell keskeny végére, és forgassa befelé, hogy lezárja a mellet. Félretesz, mellőz.
- Melegítsük elő a sütőt 200°C-ra (400°F, gázjel 6). A töltött csirkemelleket kivajazott tepsire tesszük és 15-20 perc alatt aranybarnára sütjük. Félretesz, mellőz.
- A kesudiót és a kókuszt sima masszává daráljuk. Félretesz, mellőz.
- Áztassuk be a mandulát a sáfrányos tejes keverékbe. Félretesz, mellőz.
- Melegítsük fel a ghít egy serpenyőben. Adjuk hozzá a maradék hagymát. Közepes lángon addig sütjük őket, amíg áttetszővé nem válnak. Adjuk hozzá a maradék gyömbérpasztát és a fokhagymás pépet. A keveréket egy percig pirítjuk.
- Adjuk hozzá a kesudiót és a kókuszpürét. Egy percig pirítjuk. Hozzáadjuk a joghurtot és a grillezett csirkemellet. Jól összekeverni. Lassú tűzön 5-6 percig főzzük, gyakran kevergetve. Adjuk hozzá a mandula és

a sáfrány keverékét. Óvatosan keverjük össze. Lassú tűzön 5 percig főzzük.

- Díszítsük korianderlevéllel. Forrón tálaljuk.

Fűszeres csirke Masala

4 fő részére

Hozzávalók

6 egész szárított piros chili

2 evőkanál koriandermag

6 db zöld kardamom hüvely

6 fog

5 cm / 2 hüvelyk fahéj

2 teáskanál édesköménymag

½ teáskanál fekete bors

120 ml / 4fl oz finomított növényi olaj

2 nagy hagyma, szeletelve

1 cm gyömbér gyökér, reszelve

8 gerezd fokhagyma, összetörve

2 nagy paradicsom, apróra vágva

3-4 babérlevél

1 kg / 2¼ font csirke, 12 darabra vágva

½ teáskanál kurkuma

Só ízlés szerint

500 ml / 16fl oz víz

100 g / 3½ uncia korianderlevél, apróra vágva

Módszer

- Keverje össze a pirospaprikát, a koriandermagot, a kardamomot, a szegfűszeget, a fahéjat, az édesköménymagot és a borsot.
- A keveréket szárazon pörköljük, és porrá őröljük. Félretesz, mellőz.
- Egy serpenyőben felforrósítjuk az olajat. Adjuk hozzá a hagymát. Közepes lángon aranybarnára sütjük őket.
- Adjunk hozzá gyömbért és fokhagymát. Egy percig pirítjuk.
- Hozzáadjuk a paradicsomot, a babérlevelet és a koriandermagport és a zúzott pirospaprikát. Folytassa a sütést 2-3 percig.
- Adjuk hozzá a csirkét, a kurkumát, a sót és a vizet. Jól összekeverni. Fedjük le fedővel, és lassú tűzön főzzük 40 percig, rendszeres időközönként kevergetve.
- Díszítsük a csirkét korianderlevéllel. Forrón tálaljuk.

kasmír csirke

4 fő részére

Hozzávalók

2 evőkanál malátaecet

2 teáskanál chili pehely

2 teáskanál mustármag

2 teáskanál köménymag

½ teáskanál fekete bors

7,5 cm / 3 hüvelyk fahéj

10 fog

75 g / 2½ uncia ghí

1 kg / 2¼ font csirke, 12 darabra vágva

1 evőkanál finomított növényi olaj

4 babérlevél

4 közepes hagyma, apróra vágva

1 evőkanál gyömbér paszta

1 evőkanál fokhagyma paszta

3 paradicsom, apróra vágva

1 teáskanál kurkuma

500 ml / 16fl oz víz

Só ízlés szerint

20 db kesudió, darált

6 sáfrányszál 1 citrom levébe áztatva

Módszer

- Keverje össze a malátaecetet a chilivel, mustármaggal, köménymaggal, borssal, fahéjjal és szegfűszeggel. Ezt a keveréket addig őröljük, amíg sima pasztát nem kapunk. Félretesz, mellőz.
- Melegítsük fel a ghít egy serpenyőben. Hozzáadjuk a csirkedarabokat, és közepes lángon aranybarnára sütjük. Drain és tartalék.
- Egy serpenyőben felforrósítjuk az olajat. Hozzáadjuk a babérlevelet és a hagymát. Ezt a keveréket közepes lángon sütjük, amíg a hagyma aranybarna nem lesz.
- Adjuk hozzá az ecetes pasztát. Jól összekeverjük, és lassú tűzön 7-8 percig főzzük.
- Adjuk hozzá a gyömbérpasztát és a fokhagymapürét. Ezt a keveréket egy percig pirítjuk.
- Adjuk hozzá a paradicsomot és a kurkumát. Jól összekeverjük és közepes lángon 2-3 percig főzzük.
- Hozzáadjuk a sült csirkét, a vizet és a sót. Jól keverjük össze, hogy bevonja a csirkét. Fedjük le fedővel és pároljuk 30 percig, időnként megkeverve.
- Adjuk hozzá a kesudiót és a sáfrányt. Alacsony lángon főzzük tovább 5 percig. Forrón tálaljuk.

Rum és csirke

4 fő részére

Hozzávalók

1 teáskanál garam masala

1 teáskanál chili por

1 kg / 2¼ lb csirke, 8 részre vágva

6 gerezd fokhagyma

4 szem fekete bors

4 fog

½ teáskanál köménymag

2,5 cm / 1 hüvelyk fahéj

50g / 1¾oz reszelt friss kókuszdió

4 mandula

1 zöld kardamom hüvely

1 evőkanál koriandermag

300 ml / 10 fl oz víz

75 g / 2½ uncia ghí

3 nagy hagyma, apróra vágva

Só ízlés szerint

½ teáskanál sáfrány

120 ml / 4fl oz sötét rum

1 evőkanál finomra vágott korianderlevél

Módszer

- Keverjük össze a garam masala és a chili port. Pácold ezzel a keverékkel a csirkét 2 órán keresztül.
- Szárazon pirítsuk meg a fokhagymát, a szemes borsot, a szegfűszeget, a köménymagot, a fahéjat, a kókuszt, a mandulát, a kardamomot és a koriandermagot.
- Addig őröljük 60 ml vízzel, amíg sima pasztát nem kapunk. Félretesz, mellőz.
- Melegítsük fel a ghít egy serpenyőben. Hozzáadjuk a hagymát, és közepes lángon addig pirítjuk, amíg áttetszővé nem válik.
- Adjuk hozzá a fokhagymás-borsos masszát. Jól összekeverni. A keveréket 3-4 percig pirítjuk.
- Adjuk hozzá a pácolt csirkét és sózzuk. Jól összekeverni. Folytassa a sütést 3-4 percig, időnként megkeverve.
- Adjunk hozzá 240 ml vizet. Óvatosan keverjük össze. Fedjük le fedővel, és lassú tűzön főzzük 40 percig, rendszeres időközönként kevergetve.
- Adjuk hozzá a sáfrányt és a rumot. Jól keverjük össze, és alacsony lángon főzzük tovább 10 percig.
- Díszítsük korianderlevéllel. Forrón tálaljuk.

shahjahani csirke

(Csirke csípős szószban)

4 fő részére

Hozzávalók

5 evőkanál finomított növényi olaj

2 babérlevél

5 cm / 2 hüvelyk fahéj

6 db zöld kardamom hüvely

½ teáskanál köménymag

8 fog

3 nagy hagyma, apróra vágva

1 teáskanál kurkuma

1 teáskanál chili por

1 teáskanál gyömbér paszta

1 teáskanál fokhagyma paszta

Só ízlés szerint

75 g / 2½ uncia kesudió, őrölt

150 g / 5½ oz joghurt, felverve

1 kg / 2¼ lb csirke, 8 részre vágva

2 evőkanál tejszín

¼ teáskanál őrölt fekete kardamom

10 g / ¼ oz korianderlevél, apróra vágva

Módszer

- Egy serpenyőben felforrósítjuk az olajat. Hozzáadjuk a babérlevelet, a fahéjat, a kardamomot, a köménymagot és a szegfűszeget. Hagyjuk 15 másodpercig sercegni.
- Adjuk hozzá a hagymát, a kurkumát és a chiliport. Pároljuk a keveréket közepes lángon 1-2 percig.
- Adjuk hozzá a gyömbérpasztát és a fokhagymapürét. Folyamatos kevergetés mellett 2-3 percig pirítjuk.
- Adjuk hozzá a sót és az őrölt kesudiót. Jól összekeverjük és még egy percig pirítjuk.
- Adjuk hozzá a joghurtot és a csirkét. Óvatosan keverjük addig, amíg a keverék be nem vonja a csirkedarabokat.
- Fedjük le fedővel, és lassú tűzön főzzük 40 percig, gyakori keverés közben.
- Fedjük le a serpenyőt, és adjuk hozzá a tejszínt és az őrölt kardamomot. Óvatosan keverjük 5 percig.
- Díszítsük a csirkét korianderlevéllel. Forrón tálaljuk.

húsvéti csirke

4 fő részére

Hozzávalók

1 teáskanál citromlé

1 teáskanál gyömbér paszta

1 teáskanál fokhagyma paszta

Só ízlés szerint

1 kg / 2¼ lb csirke, 8 részre vágva

2 evőkanál koriandermag

12 gerezd fokhagyma

2,5 cm / 1 hüvelyk gyömbérgyökér

1 teáskanál köménymag

8 piros chili

4 fog

2,5 cm / 1 hüvelyk fahéj

1 teáskanál kurkuma

1 liter / 1¾ pint víz

4 evőkanál finomított növényi olaj

3 nagy hagyma, apróra vágva

4 zöld chili hosszában vágva

3 paradicsom, apróra vágva

1 teáskanál tamarind paszta

2 nagy burgonya, negyedekre vágva

Módszer

- Keverje össze a citromlevet, a gyömbérpasztát, a fokhagymapürét és a sót. Pácold ezzel a keverékkel a csirkedarabokat 2 órán át.
- Keverje össze a koriandermagot, a fokhagymát, a gyömbért, a köménymagot, a vörös chilipaprikát, a szegfűszeget, a fahéjat és a kurkumát.
- Ezt a keveréket a víz felével őröljük, amíg sima masszát nem kapunk. Félretesz, mellőz.
- Egy serpenyőben felforrósítjuk az olajat. Adjuk hozzá a hagymát. Közepes lángon addig sütjük őket, amíg áttetszővé nem válnak.
- Adjuk hozzá a zöld chilit és a koriandermag-fokhagyma pépet. Ezt a keveréket 3-4 percig sütjük.
- Adjuk hozzá a paradicsomot és a tamarindpürét. Folytassa a sütést 2-3 percig.
- Hozzáadjuk a pácolt csirkét, a burgonyát és a többi vizet. Jól összekeverni. Fedjük le fedővel, és lassú tűzön főzzük 40 percig, rendszeres időközönként kevergetve.
- Forrón tálaljuk.

Fűszeres kacsa burgonyával

4 fő részére

Hozzávalók

1 teáskanál őrölt koriander

2 teáskanál chili por

¼ teáskanál kurkuma

5 cm / 2 hüvelyk fahéj

6 fog

4 zöld kardamom hüvely

1 teáskanál édesköménymag

60 ml / 2fl oz finomított növényi olaj

4 nagy vöröshagyma, vékonyra szeletelve

5 cm gyömbér gyökér, reszelve

8 gerezd fokhagyma

6 zöld chili, hosszában felvágva

3 nagy burgonya, negyedekre vágva

1 kg / 2¼ font kacsa, 8-10 darabra vágva

2 teáskanál malátaecet

750 ml / 1¼ pint kókusztej

Só ízlés szerint

1 teáskanál ghí

1 teáskanál mustármag

2 medvehagyma, szeletelve

8 currylevél

Módszer

- Keverje össze a koriandert, a chili port, a kurkumát, a fahéjat, a szegfűszeget, a kardamomot és az édesköménymagot. Ezt a keveréket porrá őröljük. Félretesz, mellőz.
- Egy serpenyőben felforrósítjuk az olajat. Adjuk hozzá a hagymát, a gyömbért, a fokhagymát és a zöld chilit. Közepes lángon 2-3 percig sütjük.
- Adjuk hozzá a fűszerkeverék port. 2 percig pirítjuk.
- Adjuk hozzá a burgonyát. Folytassa a sütést 3-4 percig.
- Adjuk hozzá a kacsát, a malátaecetet, a kókusztejet és a sót. 5 percig keverjük. Fedjük le fedővel, és lassú tűzön főzzük 40 percig, gyakori keverés közben. Ha megsült a kacsa, levesszük a tűzről és félretesszük.
- Melegítsük fel a ghít egy kis serpenyőben. Adjuk hozzá a mustármagot, a medvehagymát és a curry leveleket. 30 másodpercig nagy lángon pároljuk.
- Ezt öntsük a kacsára. Jól összekeverni. Forrón tálaljuk.

kacsamoly

(Egyszerű kacsa curry)

4 fő részére

Hozzávalók

1 kg kacsa, 12 darabra vágva

Só ízlés szerint

1 evőkanál őrölt koriander

1 teáskanál őrölt kömény

6 szem fekete bors

4 fog

2 zöld kardamom hüvely

2,5 cm / 1 hüvelyk fahéj

120 ml / 4fl oz finomított növényi olaj

3 nagy hagyma, apróra vágva

5 cm gyömbér gyökér, vékonyra szeletelve

3 zöld chili apróra vágva

½ teáskanál cukor

2 evőkanál malátaecet

360 ml / 12fl oz víz

Módszer

- Pácold be a kacsadarabokat sóval egy órán keresztül.
- Keverje össze az őrölt koriandert, őrölt köményt, borsot, szegfűszeget, kardamomot és fahéjat. Ezt a keveréket serpenyőben közepes lángon szárazon pirítjuk 1-2 percig.
- A tűzről levéve finom porrá őröljük. Félretesz, mellőz.
- Egy serpenyőben felforrósítjuk az olajat. Hozzáadjuk a pácolt kacsadarabokat. Közepes lángon aranybarnára sütjük őket. Időnként fordítsa meg őket, hogy ne égjen le. Drain és tartalék.
- Melegítsük fel ugyanazt az olajat, és adjuk hozzá a hagymát. Közepes lángon aranybarnára sütjük őket.
- Adjuk hozzá a gyömbért és a zöld chilit. Folytassa a sütést 1-2 percig.
- Adjuk hozzá a cukrot, a malátaecetet és a korianderköményport. 2-3 percig keverjük.
- Hozzáadjuk a sült kacsadarabokat a vízzel együtt. Jól összekeverni. Fedjük le fedővel, és lassú tűzön főzzük 40 percig, időnként megkeverve.
- Forrón tálaljuk.

Bharwa Murgh Kaju

(kesudióval töltött csirke)

4 fő részére

Hozzávalók

3 teáskanál gyömbér paszta

3 teáskanál fokhagyma paszta

10 db kesudió, őrölt

1 teáskanál chili por

1 teáskanál garam masala

Só ízlés szerint

8 csirkemell, lapítva

4 nagy hagyma, apróra vágva

200 g / 7 uncia khoya*

6 zöld chili apróra vágva

25 g / kevés 1 uncia mentalevél, apróra vágva

25 g / kevés 1 uncia korianderlevél, apróra vágva

2 evőkanál citromlé

75 g / 2½ uncia ghí

75 g / 2½ uncia kesudió, őrölt

400 g / 14 oz joghurt, összerázva

2 teáskanál garam masala

2 teáskanál sáfrány, 2 evőkanál meleg tejbe áztatva

Só ízlés szerint

Módszer

- Keverjük össze a gyömbérpaszta felét és a fokhagymás massza felét a darált kesudióval, chiliporral, garam masala-val és egy kis sóval.
- Pácold be a csirkemelleket ezzel a keverékkel 30 percig.
- Keverje össze a hagyma felét a khoyával, zöld chilivel, mentalevéllel, korianderlevéllel és citromlével. Osszuk ezt a keveréket 8 egyenlő részre.
- Kinyújtjuk a pácolt csirkemellet. A tetejére kenjük a hagyma-khoya keverék egy részét. Tekerjük fel, mint egy pakolást.

- Ezt ismételd meg a többi csirkemellel is.
- Egy tepsit kivajazunk és belehelyezzük a töltött csirkemelleket, laza végével lefelé.
- A csirkét 200°C-os (400°F, Gas Mark 6) sütőben 20 percig sütjük. Félretesz, mellőz.
- Melegítsük fel a ghít egy serpenyőben. Adjuk hozzá a maradék hagymát. Közepes lángon addig sütjük őket, amíg áttetszővé nem válnak.

- Adjuk hozzá a maradék gyömbérpasztát és a fokhagymás pépet. A keveréket 1-2 percig pirítjuk.
- Adjuk hozzá a darált kesudiót, a joghurtot és a garam masala-t. 1-2 percig keverjük.
- Adjuk hozzá a grillezett csirke tekercseket, a sáfrányos keveréket és egy kis sót. Jól összekeverni. Fedjük le fedővel, és lassú tűzön főzzük 15-20 percig. Forrón tálaljuk.

csirke masala joghurttal

4 fő részére

Hozzávalók

1 kg / 2¼ font csirke, 12 darabra vágva

7,5 cm gyömbér gyökér, reszelve

10 gerezd fokhagyma, összetörve

½ teáskanál chili por

½ teáskanál garam masala

½ teáskanál kurkuma

2 zöld chili

Só ízlés szerint

200 g / 7 uncia joghurt

½ teáskanál köménymag

1 teáskanál koriandermag

4 fog

4 szem fekete bors

2,5 cm / 1 hüvelyk fahéj

4 zöld kardamom hüvely

6-8 mandula

5 evőkanál ghí

4 közepes hagyma, apróra vágva

250 ml / 8fl oz víz

1 evőkanál finomra vágott korianderlevél

Módszer

- A csirkedarabokat villával megszurkáljuk. Félretesz, mellőz.
- Keverje össze a gyömbér és a fokhagyma felét a chiliporral, a garam masala-val, a kurkumával, a zöldpaprikával és a sóval. Ezt a keveréket addig őröljük, amíg sima pasztát nem kapunk. A pépet felverjük a joghurttal.
- Pácold ezzel a keverékkel a csirkét 4-5 órán keresztül. Félretesz, mellőz.
- Melegítsen fel egy serpenyőt. Szárazon pirítsuk meg a köménymagot, a koriandermagot, a szegfűszeget, a szegfűborsot, a fahéjat, a kardamomot és a mandulát. Félretesz, mellőz.

- Melegíts fel 4 evőkanál ghít egy nehéz serpenyőben. Adjuk hozzá a hagymát. Közepes lángon addig sütjük őket, amíg áttetszővé nem válnak.
- Adjuk hozzá a maradék gyömbért és fokhagymát. 1-2 percig pirítjuk.
- Vegyük le a tűzről, és keverjük össze ezt a keveréket a szárazon pörkölt kömény és koriander keverékével, amíg sima pasztát nem kapunk.

- A maradék ghít felmelegítjük egy serpenyőben. Hozzáadjuk a tésztát, és közepes lángon 2-3 percig pirítjuk.
- Hozzáadjuk a pácolt csirkét, és további 3-4 percig pirítjuk.
- Adjuk hozzá a vizet. Óvatosan keverjük egy percig. Fedjük le fedővel, és lassú tűzön főzzük 30 percig, rendszeres időközönként kevergetve.
- Díszítsük korianderlevéllel és forrón tálaljuk.

Dhansak csirke

(Csirkés főtt Parsi módra)

4 fő részére

Hozzávalók

75 g / 2½ uncia toor dhal*

75 g / 2½ uncia mung dhal*

75 g / 2½ uncia masoor dhal*

75 g / 2½ uncia chana dhal*

1 kis padlizsán, apróra vágva

25 g / kevés 1 uncia sütőtök, apróra vágva

Só ízlés szerint

1 liter / 1¾ pint víz

8 szem fekete bors

6 fog

2,5 cm / 1 hüvelyk fahéj

Csipet buzogány

2 babérlevél

1 csillagánizs

3 szárított piros chili

2 evőkanál finomított növényi olaj

50 g korianderlevél, apróra vágva

50 g / 1¾ uncia friss görögszéna levél, apróra vágva

50 g mentalevél, apróra vágva

750 g csont nélküli csirke, 12 darabra vágva

1 teáskanál kurkuma

¼ teáskanál reszelt szerecsendió

1 evőkanál fokhagyma paszta

1 evőkanál gyömbér paszta

1 evőkanál tamarind paszta

Módszer

- Keverjük össze a dhalokat a brinjal-al, sütőtökkel, sóval és a víz felével. Főzzük ezt a keveréket egy serpenyőben közepes lángon 45 percig.
- Vegyük le a tűzről, és keverjük össze ezt a keveréket, amíg sima pasztát nem kapunk. Félretesz, mellőz.
- Keverje össze a borsot, a szegfűszeget, a fahéjat, a buzogányt, a babérlevelet, a csillagánizst és a piros chilit. A keveréket közepes lángon szárazon pörköljük 2-3 percig. A tűzről leveve finom porrá őröljük. Félretesz, mellőz.
- Egy serpenyőben felforrósítjuk az olajat. Adjunk hozzá koriandert, görögszéna- és mentaleveleket. Közepes lángon 1-2 percig sütjük őket. Vegyük le a tűzről, és addig daráljuk, amíg pépet nem kapunk. Félretesz, mellőz.

- Keverje össze a csirkét a kurkumával, a szerecsendióval, a fokhagymás masszával, a gyömbérpasztával, a dhalpasztával és a maradék vízzel. Főzzük ezt a keveréket egy serpenyőben közepes lángon 30 percig, időnként megkeverve.
- Adjuk hozzá a korianderpasztát, a görögszéna- és a mentaleveleket. 2-3 percig főzzük.
- Adjuk hozzá a szegfűszeg port és a tamarindpasztát. Jól összekeverni. A keveréket alacsony lángon 8-10 percig keverjük.
- Forrón tálaljuk.

Chatpata csirke

(Fűszeres csirke)

4 fő részére

Hozzávalók

500 g / 1 lb 2 oz csont nélküli csirke, apró darabokra vágva

2 evőkanál finomított növényi olaj

150 g / 5½ oz karfiol virágok

200 g gomba szeletelve

1 nagy sárgarépa, szeletelve

1 nagy zöld kaliforniai paprika kimagozva és apróra vágva

Só ízlés szerint

½ teáskanál őrölt fekete bors

10-15 currylevél

5 zöld chili apróra vágva

5 cm gyömbér gyökér, finomra vágva

10 gerezd fokhagyma apróra vágva

4 evőkanál paradicsompüré

4 evőkanál korianderlevél, apróra vágva

A páchoz:

125 g / 4½ uncia joghurt

1½ evőkanál gyömbér paszta

1½ evőkanál fokhagyma paszta

1 teáskanál chili por

1 teáskanál garam masala

Só ízlés szerint

Módszer

- Keverjük össze a pác összes összetevőjét.
- Pácold ezzel a keverékkel a csirkét 1 órán át.
- Egy serpenyőben felforrósítunk fél evőkanál olajat. Adjuk hozzá a karfiolt, a gombát, a sárgarépát, a zöld kaliforniai paprikát, a sót és az őrölt fekete borsot. Jól összekeverni. A keveréket közepes lángon 3-4 percig sütjük. Félretesz, mellőz.
- A maradék olajat egy másik serpenyőben felhevítjük. Adjuk hozzá a curry leveleket és a zöld chilit. Közepes lángon egy percig sütjük őket.
- Adjunk hozzá gyömbért és fokhagymát. Még egy percig pirítjuk.
- Hozzáadjuk a pácolt csirkét és a sült zöldségeket. 4-5 percig pirítjuk.
- Adjuk hozzá a paradicsompürét. Jól összekeverni. Fedjük le fedővel, és lassú tűzön főzzük 40 percig, időnként megkeverve.
- Díszítsük korianderlevéllel. Forrón tálaljuk.

Kacsa Masala kókusztejben

4 fő részére

Hozzávalók

1 kg kacsa, 12 darabra vágva

Finomított növényi olaj sütéshez

3 nagy burgonya, apróra vágva

750 ml / 1¼ pint víz

4 teáskanál kókuszolaj

1 nagy vöröshagyma, vékonyra szeletelve

100 g / 3½ uncia kókusztej

A fűszerkeverékhez:

2 teáskanál őrölt koriander

½ teáskanál kurkuma

1 teáskanál őrölt fekete bors

¼ teáskanál köménymag

¼ teáskanál fekete köménymag

2,5 cm / 1 hüvelyk fahéj

9 fog

2 zöld kardamom hüvely

8 gerezd fokhagyma

2,5 cm / 1 hüvelyk gyömbérgyökér

1 teáskanál malátaecet

Só ízlés szerint

Módszer

- A fűszerkeverék hozzávalóit összekeverjük, és sima masszává morzsoljuk.
- Pácold ezzel a masszával a kacsát 2-3 órán keresztül.
- Egy serpenyőben felforrósítjuk az olajat. Hozzáadjuk a burgonyát, és közepes lángon aranybarnára sütjük. Drain és tartalék.
- Egy serpenyőben felforrósítjuk a vizet. Hozzáadjuk a pácolt kacsadarabokat, és időnként megkeverve 40 percig pároljuk. Félretesz, mellőz.
- Egy serpenyőben felforrósítjuk a kókuszolajat. Adjuk hozzá a hagymát, és közepes lángon pirítsuk aranybarnára.
- Adjuk hozzá a kókusztejet. Főzzük a keveréket 2 percig, gyakran kevergetve.
- Levesszük a tűzről, és ezt a keveréket a főtt kacsához adjuk. Jól összekeverjük és lassú tűzön 5-10 percig főzzük.
- A krumplival díszítjük. Forrón tálaljuk.

Dil Bahar csirke

(krémes csirke)

4 fő részére

Hozzávalók

4-5 evőkanál finomított növényi olaj

2 babérlevél

5 cm / 2 hüvelyk fahéj

3 zöld kardamom hüvely

4 fog

2 nagy hagyma, apróra vágva

1 teáskanál gyömbér paszta

1 teáskanál fokhagyma paszta

2 teáskanál őrölt kömény

2 teáskanál őrölt koriander

½ teáskanál kurkuma

4 zöld chili hosszában vágva

750 g csont nélküli csirke, 16 darabra vágva

50 g / 1¾ uncia újhagyma, apróra vágva

1 nagy zöld kaliforniai paprika, apróra vágva

1 teáskanál garam masala

Só ízlés szerint

150 g / 5½ uncia paradicsompüré

125 g / 4½ uncia joghurt

250 ml / 8fl oz víz

2 vaj kanál

85 g / 3 uncia kesudió

500 ml / 16fl oz sűrített tej

250 ml / 8fl oz folyékony krém

1 evőkanál finomra vágott korianderlevél

Módszer

- Egy serpenyőben felforrósítjuk az olajat. Hozzáadjuk a babérlevelet, a fahéjat, a kardamomot és a szegfűszeget. Hagyjuk 30 másodpercig sercegni.
- Adjuk hozzá a hagymát, a gyömbérpasztát és a fokhagymapürét. Ezt a keveréket közepes lángon sütjük, amíg a hagyma aranybarna nem lesz.
- Adjuk hozzá az őrölt köményt, őrölt koriandert, kurkumát és zöld chilit. A keveréket 2-3 percig pirítjuk.
- Adjuk hozzá a csirkedarabokat. Jól összekeverni. 5 percig sütjük őket.
- Adjuk hozzá az újhagymát, a zöld kaliforniai paprikát, a garam masala-t és a sót. Folytassa a sütést 3-4 percig.
- Adjuk hozzá a paradicsompürét, a joghurtot és a vizet. Jól keverjük össze és fedjük le fedővel. Főzzük a keveréket alacsony lángon 30 percig, időnként megkeverve.

- Amíg a csirkehús keverék fő, egy másik serpenyőben felhevítjük a vajat. Hozzáadjuk a kesudiót, és közepes lángon aranybarnára sütjük. Félretesz, mellőz.
- Adjuk hozzá a sűrített tejet és a tejszínt a csirkehús keverékhez. Jól összekeverjük, és alacsony lángon tovább főzzük 5 percig.
- Adjuk hozzá a vajat a sült kesudióval és keverjük jól 2 percig.
- Díszítsük korianderlevéllel. Forrón tálaljuk.

dum ka murgh

(Lassan főtt csirke)

4 fő részére

Hozzávalók

4 evőkanál finomított növényi olaj plusz plusz sütéshez

3 nagy hagyma, szeletelve

10 mandula

10 kesudió

1 evőkanál szárított kókuszdió

1 teáskanál gyömbér paszta

1 teáskanál fokhagyma paszta

½ teáskanál kurkuma

1 teáskanál chili por

Só ízlés szerint

200 g / 7 uncia joghurt

1 kg / 2¼ lb csirke, finomra vágva

1 evőkanál korianderlevél apróra vágva

1 evőkanál mentalevél, apróra vágva

½ teáskanál sáfrány

Módszer

- Az olajat felhevítjük a sütéshez. Adjuk hozzá a hagymát, és közepes lángon pirítsuk aranybarnára. Drain és tartalék.
- Keverjük össze a mandulát, a kesudiót és a kókuszt. A keveréket szárazon sütjük. Keverjük össze annyi vízzel, hogy sima masszát kapjunk.
- Egy serpenyőben felforrósítunk 4 evőkanál olajat. Adjuk hozzá a gyömbérpasztát, a fokhagymapürét, a kurkumát és a chiliport. Közepes lángon 1-2 percig sütjük.
- Adjuk hozzá a mandulás-kesudió pépet, a sült hagymát, a sót és a joghurtot. 4-5 percig főzzük.

- Tegye át egy tűzálló serpenyőbe. Adjuk hozzá a csirkét, a koriandert és a mentaleveleket. Jól összekeverni.
- A tetejére szórjuk a sáfrányt. Alufóliával zárjuk le és fedővel szorosan lefedjük. 180°C-os (350°F, Gas Mark 4) sütőben 40 percig sütjük.
- Forrón tálaljuk.

Murgh Kheema Masala

(fűszeres darált csirke)

4 fő részére

Hozzávalók

60 ml / 2fl oz finomított növényi olaj

5 cm / 2 hüvelyk fahéj

4 fog

2 zöld kardamom hüvely

½ teáskanál köménymag

2 nagy hagyma, apróra vágva

1 teáskanál őrölt koriander

½ teáskanál őrölt kömény

½ teáskanál kurkuma

1 teáskanál chili por

2 teáskanál gyömbér paszta

3 teáskanál fokhagyma paszta

3 paradicsom, apróra vágva

200 g / 7 uncia fagyasztott borsó

1 kg darált csirke

75 g / 2½ uncia kesudió, őrölt

125 g / 4½ uncia joghurt

250 ml / 8fl oz víz

Só ízlés szerint

4 evőkanál tejszín

25 g / kevés 1 uncia korianderlevél, apróra vágva

Módszer

- Egy serpenyőben felforrósítjuk az olajat. Adjuk hozzá a fahéjat, a szegfűszeget, a kardamomot és a köménymagot. Hagyjuk 15 másodpercig sercegni.
- Adjuk hozzá a hagymát, az őrölt koriandert, az őrölt köményt, a kurkumát és a chiliport. Közepes lángon 1-2 percig sütjük.
- Adjuk hozzá a gyömbérpasztát és a fokhagymapürét. Folytassa a sütést egy percig.
- Hozzáadjuk a paradicsomot, a borsót és a darált csirkemellet. Jól összekeverni. Főzzük ezt a keveréket alacsony lángon 10-15 percig, időnként megkeverve.
- Adjuk hozzá a joghurtot, a vizet és a sót. Jól összekeverni. Fedjük le fedővel, és lassú tűzön főzzük 20-25 percig.
- Krémmel és korianderlevéllel díszítjük. Forrón tálaljuk.

Nawabi töltött csirke

4 fő részére

Hozzávalók

200 g / 7 uncia joghurt

2 evőkanál citromlé

½ teáskanál kurkuma

Só ízlés szerint

1 kg csirke

100 g / 3½ uncia zsemlemorzsa

A töltelékhez:

120 ml / 4fl oz finomított növényi olaj

1½ teáskanál gyömbér paszta

1½ teáskanál fokhagyma paszta

2 nagy hagyma, apróra vágva

2 zöld chili apróra vágva

½ teáskanál chili por

1 apróra vágott csirke zúza

1 apróra vágott csirkemáj

200 g / 7 uncia borsó

2 sárgarépa, kockára vágva

50 g korianderlevél, apróra vágva

2 evőkanál finomra vágott mentalevél

½ teáskanál őrölt fekete bors

½ teáskanál garam masala

20 kesudió apróra vágva

20 mazsola

Módszer

- A joghurtot habosra keverjük a citromlével, a kurkumával és a sóval. Pácold ezzel a keverékkel a csirkét 1-2 órán keresztül.
- A töltelékhez egy serpenyőben felforrósítjuk az olajat. Hozzáadjuk a gyömbérpasztát, a fokhagymapürét és a hagymát, és közepes lángon 1-2 percig pirítjuk.
- Hozzáadjuk a zöldpaprikát, a chiliport, a csirkemájat és a csirkemájat. Jól összekeverni. 3-4 percig sütjük.
- Adjuk hozzá a borsót, a sárgarépát, a korianderleveleket, a mentaleveleket, a borsot, a garam masala-t, a kesudiót és a mazsolát. 2 percig keverjük. Fedjük le fedővel, és időnként megkeverve pároljuk 20 percig.
- Levesszük a tűzről és hagyjuk kihűlni.
- Ezt a keveréket megtöltjük a pácolt csirkehússal.
- Forgassa meg a töltött csirkét a zsemlemorzsában, és 200°C-ra előmelegített sütőben süsse 50 percig.
- Forrón tálaljuk.

Murgh ke Nazare

(Csirke Cheddar sajttal és Paneerrel)

4 fő részére

Hozzávalók

Só ízlés szerint

½ evőkanál gyömbér paszta

½ evőkanál fokhagyma paszta

1 citrom leve

750g / 1lb 10oz csont nélküli csirkedarabok, lapítva

75 g / 2½ uncia panel*, reszelt

250 g / 9 uncia darált csirke

2½ oz / 75 g reszelt cheddar sajt

1 teáskanál őrölt koriander

½ teáskanál garam masala

½ teáskanál kurkuma

125 g / 4½ uncia khoya*

1 teáskanál chili por

2 főtt és apróra vágott tojás

3 paradicsom, apróra vágva

2 zöld chili apróra vágva

2 nagy hagyma, apróra vágva

2 evőkanál apróra vágott korianderlevél

½ teáskanál gyömbérpor

A szószhoz:

4 evőkanál finomított növényi olaj

½ evőkanál gyömbér paszta

½ evőkanál fokhagyma paszta

2 nagy hagyma, felaprítva

2 zöld chili apróra vágva

½ teáskanál kurkuma

1 teáskanál őrölt koriander

½ teáskanál őrölt fehér bors

½ teáskanál őrölt kömény

½ teáskanál szárított gyömbérpor

200 g / 7 uncia joghurt

4 kesudió, darált

4 őrölt mandula

125 g / 4½ uncia khoya*

Módszer

- Keverje össze a sót, a gyömbérpasztát, a fokhagymapürét és a citromlevet. Pácold ezzel a keverékkel a csirkét 1 órán át. Félretesz, mellőz.
- Keverje össze a panelt a darált csirkehússal, sajttal, őrölt korianderrel, garam masala-val, kurkumával és khoyával.
- Ezt a keveréket kenjük a pácolt csirkehúsra. A tetejére szórjuk a chiliport, a tojást, a paradicsomot, a zöld chilit, a hagymát, a korianderleveleket és a gyömbérport. Tekerje fel a csirkét, mint egy csomagolóanyagot, és zsinórral szorosan megkösse.
- 200°C-os (400°F, Gas Mark 6) sütőben 30 percig sütjük. Félretesz, mellőz.
- A szószhoz egy serpenyőben felforrósítjuk az olajat. Adjuk hozzá a gyömbérpasztát, a fokhagymapürét, a hagymát és a zöld chilit. Közepes lángon 2-3 percig sütjük őket. Adjuk hozzá a szósz maradék összetevőit. 7-8 percig főzzük.
- A csirkemellet apró darabokra vágjuk, és egy tálra tesszük. Öntsük rájuk a szószt. Forrón tálaljuk.

Murgh Pasanda

(Fűszeres csirkefalatok)

4 fő részére

Hozzávalók

1 teáskanál kurkuma

1 uncia / 30 g korianderlevél, apróra vágva

1 teáskanál chili por

¼ oz / 10 g mentalevél, apróra vágva

1 teáskanál garam masala

5 cm / 2 hüvelykes darab nyers papaya, őrölt

1 teáskanál gyömbér paszta

1 teáskanál fokhagyma paszta

Só ízlés szerint

750 g / 1 lb 10 oz csirkemell, vékonyra szeletelve

6 evőkanál finomított növényi olaj

Módszer

- Keverje össze az összes hozzávalót, kivéve a csirkét és az olajat. Pácold a csirkeszeleteket ezzel a keverékkel 3 órán keresztül.
- Egy serpenyőben felforrósítjuk az olajat. Hozzáadjuk a pácolt csirkeszeleteket, és közepes lángon aranybarnára sütjük, időnként megforgatva. Forrón tálaljuk.

murgh masala

(csirke masala)

4 fő részére

Hozzávalók

4 evőkanál finomított növényi olaj

2 nagy hagyma, lereszelve

1 paradicsom, apróra vágva

Só ízlés szerint

1 kg / 2¼ lb csirke, 8 részre vágva

360 ml / 12fl oz víz

360 ml / 12fl oz kókusztej

A fűszerkeverékhez:

2 evőkanál garam masala

1 teáskanál köménymag

1½ teáskanál mák

4 piros chili

½ teáskanál kurkuma

8 gerezd fokhagyma

2,5 cm / 1 hüvelyk gyömbérgyökér

Módszer

- A fűszerkeveréket annyi vízzel lemorzsoljuk, hogy sima masszát kapjunk. Félretesz, mellőz.
- Egy serpenyőben felforrósítjuk az olajat. Adjuk hozzá a hagymát, és közepes lángon pirítsuk aranybarnára. Hozzáadjuk az összekevert fűszerpasztát, és 5-6 percig pirítjuk.
- Adjuk hozzá a paradicsomot, a sót, a csirkét és a vizet. Fedjük le fedővel, és pároljuk 20 percig. Hozzáadjuk a kókusztejet, jól összekeverjük és forrón tálaljuk.

bohri csirkekrém

(Csirke tejszínes szószban)

4 fő részére

Hozzávalók

3 nagy hagyma

2,5 cm / 1 hüvelyk gyömbérgyökér

8 gerezd fokhagyma

6 zöld chili

100 g / 3½ uncia korianderlevél, apróra vágva

3 evőkanál finomra vágott mentalevél

120 ml / 4 fl oz víz

1 kg / 2¼ lb csirke, 8 részre vágva

2 evőkanál citromlé

1 teáskanál őrölt fekete bors

250 ml / 8fl oz folyékony krém

30 g / 1 uncia ghí

Só ízlés szerint

Módszer

- Keverje össze a hagymát, a gyömbért, a fokhagymát, a zöld chilit, a korianderleveleket és a mentaleveleket. Ezt a keveréket vízzel őröljük, hogy finom pasztát kapjunk.
- Pácold be a csirkét a massza felével és a citromlével 1 órán át.
- A pácolt csirkét tegyük egy lábasba, és öntsük rá a többi tésztát. Erre a keverékre szórjuk a többi hozzávalót.
- Fóliával letakarjuk, fedővel szorosan letakarjuk, és 45 percig pároljuk. Forrón tálaljuk.

jhatpat murgh

(Gyors csirke)

4 fő részére

Hozzávalók

4 evőkanál finomított növényi olaj

2 nagy hagyma, vékonyra szeletelve

2 teáskanál gyömbér paszta

Só ízlés szerint

1 kg / 2¼ font csirke, 12 darabra vágva

¼ teáskanál sáfrány 2 evőkanál tejben feloldva

Módszer

- Egy serpenyőben felforrósítjuk az olajat. Adjuk hozzá a hagymát és a gyömbérpasztát. Közepes lángon 2 percig sütjük őket.
- Adjuk hozzá a sót és a csirkét. Alacsony lángon 30 percig főzzük, gyakran kevergetve. Megszórjuk a sáfrányos keverékkel. Forrón tálaljuk.

csirke zöld curry

4 fő részére

Hozzávalók

Só ízlés szerint

egy csipet kurkuma

1 citrom leve

1 kg / 2¼ font csirke, 12 darabra vágva

3,5 cm gyömbérgyökér

8 gerezd fokhagyma

100 g / 3½ uncia korianderlevél apróra vágva

3 zöld chili

4 evőkanál finomított növényi olaj

2 nagy hagyma, lereszelve

½ teáskanál garam masala

250 ml / 8fl oz víz

Módszer

- Keverjük össze a sót, a kurkumát és a citromlevet. Pácold a csirkét ezzel a keverékkel 30 percig.
- A gyömbért, a fokhagymát, a korianderlevelet és a chilipaprikát simára őröljük.
- Egy serpenyőben felforrósítjuk az olajat. Hozzáadjuk a tésztát a reszelt hagymával együtt, és közepes lángon 2-3 percig pirítjuk.
- Adjuk hozzá a pácolt csirkét, a garam masala-t és a vizet. Jól összekeverjük, és lassú tűzön 40 percig főzzük, gyakran kevergetve. Forrón tálaljuk.

Murgh Bhartha

(Pörkölt csirke tojással)

4 fő részére

Hozzávalók

4 evőkanál finomított növényi olaj

2 nagy hagyma, vékonyra szeletelve

500 g csont nélküli csirke kockára vágva

1 teáskanál garam masala

½ teáskanál kurkuma

Só ízlés szerint

3 paradicsom, vékonyra szeletelve

1 uncia / 30 g korianderlevél, apróra vágva

4 kemény tojás, félbevágva

Módszer

- Egy serpenyőben felforrósítjuk az olajat. A hagymát közepes lángon aranybarnára pirítjuk. Adjuk hozzá a csirkét, a garam masala-t, a kurkumát és a sót. 5 percig pirítjuk.
- Adjuk hozzá a paradicsomot. Jól keverjük össze, és lassú tűzön főzzük 30-40 percig. Díszítsük korianderlevéllel és tojással. Forrón tálaljuk.

Csirke ajowan magokkal

4 fő részére

Hozzávalók

3 evőkanál finomított növényi olaj

1½ teáskanál ajowan mag

2 nagy hagyma, apróra vágva

1 teáskanál gyömbér paszta

1 teáskanál fokhagyma paszta

4 paradicsom, apróra vágva

2 teáskanál őrölt koriander

1 teáskanál chili por

1 teáskanál kurkuma

1 kg / 2¼ lb csirke, 8 részre vágva

250 ml / 8fl oz víz

1 citrom leve

1 teáskanál garam masala

Só ízlés szerint

Módszer

- Egy serpenyőben felforrósítjuk az olajat. Adjuk hozzá az ajowan magokat. Hagyjuk 15 másodpercig sercegni.
- Adjuk hozzá a hagymát, és közepes lángon pirítsuk aranybarnára. Adjuk hozzá a gyömbérpasztát, a fokhagymás pépet és a paradicsomot. 3 percig sütjük, időnként megkeverve.
- Adja hozzá az összes többi összetevőt. Jól keverjük össze és fedjük le fedővel. 40 percig pároljuk, és forrón tálaljuk.

Csirke tikka spenóttal

4 fő részére

Hozzávalók

1 kg csont nélküli csirke, 16 darabra vágva

2 evőkanál ghí

1 teáskanál chaat masala*

2 evőkanál citromlé

A páchoz:

100 g / 3½ uncia spenót, őrölt

50 g / 1¾ uncia őrölt korianderlevél

1 teáskanál gyömbér paszta

1 teáskanál fokhagyma paszta

200 g / 7 uncia joghurt

1½ teáskanál garam masala

Módszer

- Keverjük össze az összes hozzávalót a páchoz. Pácold ezzel a keverékkel a csirkét 2 órán keresztül.
- Meglocsoljuk a csirkét a ghível, és 200 °C-os (400 °F, gázjel 6) sütőben 45 percig sütjük. A tetejére szórjuk a chaat masala-t és a citromlevet. Forrón tálaljuk.

Yakhni csirke

(kasmíri csirke)

4 fő részére

Hozzávalók

3 evőkanál finomított növényi olaj

1 kg / 2¼ lb csirke, 8 részre vágva

400 g joghurt

125 g / 4½ uncia besan*

2 fog

2,5 cm / 1 hüvelyk fahéj

6 szem bors

1 teáskanál őrölt gyömbér

2 teáskanál őrölt édeskömény

Só ízlés szerint

250 ml / 8fl oz víz

50 g korianderlevél apróra vágva

Módszer

- Egy serpenyőben felforrósítjuk az olaj felét. Hozzáadjuk a csirkedarabokat, és közepes lángon aranybarnára sütjük. Félretesz, mellőz.
- Verjük fel a joghurtot a besannal, amíg sűrű masszát nem kapunk. Félretesz, mellőz.
- A maradék olajat egy serpenyőben felforrósítjuk. Adjuk hozzá a szegfűszeget, a fahéjat, a szemes borsot, az őrölt gyömbért, az őrölt édesköményt és a sót. 4-5 percig pirítjuk.
- Hozzáadjuk a sült csirkét, a vizet és a joghurtos pasztát. Jól keverjük össze, és lassú tűzön főzzük 40 percig. Díszítsük korianderlevéllel. Forrón tálaljuk.

chilis csirke

4 fő részére

Hozzávalók

3 evőkanál finomított növényi olaj

4 zöld chili apróra vágva

1 teáskanál gyömbér paszta

1 teáskanál fokhagyma paszta

3 nagy hagyma, szeletelve

250 ml / 8fl oz víz

750 g csont nélküli csirke apróra vágva

2 nagy zöld kaliforniai paprika, juliened

2 evőkanál szójaszósz

1 uncia / 30 g korianderlevél, apróra vágva

Só ízlés szerint

Módszer

- Egy serpenyőben felforrósítjuk az olajat. Adjuk hozzá a zöld chilit, a gyömbérpasztát, a fokhagymapürét és a hagymát. Közepes lángon 3-4 percig sütjük.
- Adjuk hozzá a vizet és a csirkét. 20 percig lassú tűzön főzzük.
- Adjuk hozzá az összes többi hozzávalót, és főzzük 20 percig. Forrón tálaljuk.

www.ingramcontent.com/pod-product-compliance
Lightning Source LLC
Chambersburg PA
CBHW071238080526
44587CB00013BA/1676